Ferdinand

To

nnies

Über die grundtatsachen des sozialen lebens

Ferdinand
To
..
nnies

Über die grundtatsachen des sozialen lebens

ISBN/EAN: 9783741157851

Hergestellt in Europa, USA, Kanada, Australien, Japan

Cover: Foto ©Andreas Hilbeck / pixelio.de

Manufactured and distributed by brebook publishing software
(www.brebook.com)

Ferdinand

To

nnies

Über die grundtatsachen des sozialen lebens

veranstaltet von den
ethischen Gesellschaften in Deutschland, Oesterreich und der Schweiz,
herausgegeben von der
Schweizerischen Gesellschaft für ethische Kultur.
(Zürcher Lehre.)

Band VII.

Ueber die Grundthatsachen
des
socialen Lebens.

Von

Dr. Ferdinand Tönnies
Professor an der Universität in Kiel.

Bern.
Verlag von Steiger & Cie. (vorm. A. Siebert)
1897.

I.

Höchst mannigfach sind die Thalsachen des socialen Lebens, die wir in einen allgemeinen Begriff fassen, wenn wir sie als besondere Abteilung des organischen Lebens auf unserer Erde denken, und zwar beziehen sie sich insgesamt auf Verbindungen von animalischen Wesen, und unter diesen wiederum sind es die menschlichen Verbindungen, die in ganz überwiegender Weise in Betracht kommen. Was immer wir von socialem Leben bei einzelnen Tieren, insbesondere bei Insekten, wissen, das ist doch unserer Deutung so außerordentlich fern, es ist so sehr verführend zu Mißdeutungen, daß man, was darüber mitgeteilt wird, über die sogenannten Tierstaaten: der Ameisen, Bienen u. f. w., doch immer mit großer Vorsicht aufnehmen muß. Ich will mich auch nicht damit beschäftigen und kann konstatieren, daß im allgemeinen diejenigen Erscheinungen, die man als sociale bezeichnet, auf Verbindungen der Menschen in der That auch beschränkt zu werden pflegen. Nun ist es eigentümlich, daß eine besondere Beziehung zwischen organischem Leben im allgemeinen und socialem Leben insbesondere besteht, eine Beziehung, die so stark ist, daß es nicht ungewöhnlich ist, von einem Organismus selber als einer Art von Gemeinde oder Staat zu sprechen, und dies insbesondere ist neuerdings üblich geworden oder wenigstens vorgekommen, nachdem die biologische Lehre, die Lehre vom Leben ihre große Entwicklung

genommen hat auf Grund der Theorie von der Zelle als
Elementarorganismus, und man erkannt hat, daß die Orga»
nismen, mit Ausnahme der vereinzelten einzelligen Orga»
nismen, aus Verbindungen von Zellen bestehen. Es liegt
insofern ja nahe, diese Verbindungen mit den Verbindungen
unter den Menschen, die wir kennen, zu vergleichen, jene
durch diese zu erklären. Das umgekehrte aber, die menschlichen
Verbindungen durch organische Körper zu erklären, ist eine
viel ältere Lehre, eine Lehre, die aber auch heute noch in Blüte
steht. Diese Lehre hat schon im gewöhnlichen Sprachgebrauch
einen Niederschlag gefunden und in der Jurisprudenz, wo man
von menschlichen Verbindungen als von Körpern spricht,
von „Korporationen"; sodann ist sie auch übergegangen in
den theologischen Sprachgebrauch, wo das Gleichnis des
Verhältnisses von Christus zu der Kirche als eines Hauptes
zu seinen Gliedern geläufig ist. Ich muß darauf verzichten,
Ihnen einen Ueberblick über diese Theorie zu geben und
bemerke nur, daß die sogenannten organischen Theorien auch
in der heutigen Socialwissenschaft, die freilich noch in den
Anfängen einer rein wissenschaftlichen Entwicklung steht, sich
besonderer Aufnahme erfreuen. Sie sind hauptsächlich neuer»
dings durch die Vertretung, die ihnen der englische Philosoph
Hubert Spencer gegeben hat, wiederum in erhöhten
Kredit gekommen. Spencer erklärt: „Eine Gesellschaft ist ein
Organismus", und seine ganze Lehre vom socialen Leben ist
davon durchzogen. Ich aber halte diese Theorie, wodurch
Entwicklung eines Organismus mit der Entwicklung des
socialen Lebens auf der Erde oder der Kultur gleich gesetzt
wird, nicht für gelungen, und ich kann Ihnen auch überhaupt
sagen, daß in jüngster Zeit, je mehr unsere Wissenschaft
fortschreitet, eine entschiedene Tendenz vorhanden ist, diesen

Parallelismus, wie man ihn milder nennt, aufzugeben. In Deutschland ist ihr noch lebender Vertreter Schäffle gewesen, in seinem Buch über Bau und Leben des socialen Körpers, worin er schon durch den Titel diesen, seinen Grundgedanken andeutete. Man kann diese Lehre in Kürze dahin zugleich charakterisieren und kritisieren, daß sie nicht eigentlich anzugeben wisse, welches denn diejenige Einheit sei, die im socialen Leben der Einheit des biologischen Organismus entspreche. Es sind wenigstens darüber sehr verschiedene Meinungen herrschend. Es ist begreiflich, wenn man im Hinblick auf die socialen Gebilde der neueren und neuesten Zeit im allgemeinen dazu neigt, einen solchen socialen Organismus zu identificieren mit dem Begriffe der Nation oder des Staates, wobei aber sofort auffällt, daß der Begriff einer Nation keineswegs mit dem Begriff eines Staates, der die Regierung bedeutet, übereinstimmt, daß diese vielmehr ihrem Umfange, wie ihren Merkmalen nach weit auseinander gehen. Es giebt innerhalb der deutschen Nation viele Staaten. Der bedeutendste dieser Staaten ist das deutsche Reich; aber niemand wird leugnen, daß die deutsche Nation viel weitere Grenzen hat als das deutsche Reich. Andererseits wird es sehr schwierig sein durchzuführen, daß ein solcher abgegrenzter organischer Körper wirklich dargestellt werde durch eine Gemeinschaft, die sich der gleichen Sprache bedient, und das ist doch das Merkmal, nach welchem man neuerdings die Nationen zu bestimmen sucht, obgleich dies, wie uns das Beispiel der Schweiz, Oesterreichs, Amerikas lehrt, in keiner Weise ein notwendiges Merkmal ist: Menschen der verschiedensten Sprache können sich zu einem Staate, aber auch in ihrer Denkungsart zu einer Nation vereinigen. Und nun kommt, was den Staat betrifft, ein anderes dazu. Die Lehre von

dem Staatsorganismus, die organische Staatstheorie ist sehr
schwer in Einklang zu bringen mit der Stellung, die im
modernen Staatswesen der einzelne zum Staate wirklich
einnimmt, und es ist merkwürdig, daß in der That diese
Theorie eine besondere politische Bedeutung hat, daß sie
geradezu zusammenhängt mit einer politischen Tendenz. Sie
ist eben neuerdings emporgekommen seit dem Anfange dieses
Jahrhunderts, im Gegensatz zu jenen Lehren, die im 17.
und 18. Jahrhundert allgemein gegolten hatten, die gewissermaßen ihren Ausdruck gefunden hatten in der französischen
Revolution. Diese Lehren stellten das Individuum als den
Anfang hin, und sie stellten den Staat hin als ein Gebilde,
das aus der Einigung der Individuen, aus ihren Ent- und
Beschlüssen hervorgegangen sei. Und im Gegensatze, im aus-
gesprochensten Gegensatze und im Kampfe mit den Tendenzen
der Revolution erhoben sich die organischen Staats-
theorien zur Zeit der Restauration, die eben dadurch
zugleich eine intime Beziehung hatte zu den Theorien, die
dem Staate einen übernatürlichen Ursprung zuschreiben.
Der Staat als Organismus, der sollte etwas heiliges sein,
der sollte der Willkür seiner Bürger überhoben, ihren ver-
meintlichen Rechten entrückt sein. Der sollte dargestellt werden
durch den Willen eines von Gott besonders begabten Individuums, eines Monarchen, der seine segensreichen Wirkungen
ausüben sollte auf die Menschen, als die Glieder des Körpers, dessen Haupt der Monarch darstelle. Und so ist es
nun sehr auffallend, daß die jüngste Erneuerung der socialen
Organismustheorie von einem Manne ausgeht, der Vertreter
extremer radikaler Ideen immer gewesen ist — ich meine
den genannten Herbert Spencer — der sie auch durch eine
besondere Schrift: „Der Mensch gegen den Staat" bekannt

gemacht hat, der eben auf das leidenschaftlichste alle jene
Lehren bekämpft, als ob das Ganze ein Dasein für sich
selber hätte, als ob es in irgend einem Sinne auf Kosten
der Individuen leben dürfte, als ob es seine Glieder ver-
brauchen dürfte, wie in der That der Organismus seine
Zellen verbraucht; indem er darauf besteht, daß der Staat
nichts anderes sei, als ein Mittel für die gemeinsamen Zwecke
der verbundenen Individuen, daß er von Rechtswegen ge-
bunden sei, nicht die Aufgabe zu überschreiten, die ihm die
Individuen verliehen haben, ihr Leben und ihr Eigentum
zu schützen. Ich meine nun, daß diese Lehre von der Identität oder von der Verwandtschaft der socialen Organismen
mit biologischen, natürlichen Organismen in der That insofern einen geringen wissenschaftlichen Wert hat, als eben
diese Gebilde nicht in der Art von einander abgegrenzt sind,
wie die natürlichen Organismen, daß aber allerdings Aehn-
lichkeiten herrschen zwischen

1. überhaupt Verbindungen von Elementen zu einem
Ganzen, daher auch zwischen socialen, chemischen, organischen
und mechanischen Verbindungen, daß aber

2. insbesondere zwischen den animalischen Organismen
und den socialen Verbindungen insofern eine besondere Aehn-
lichkeit vorhanden ist, als sich in beiden die Teile als lebendige befinden, (wie uns die neueren, biologischen Lehren
zeigen) daß wie der lebendige Organismus aus lebendigen
Teilen besteht, ebenso der sociale Organismus aus lebendigen Teilen besteht, nämlich aus Menschen. Ferner besteht
die besondere Beziehung, daß beide Arten von Verbindungen
die Tendenz haben, sich zu differenzieren, ihre Teile nach
ihren Funktionen, nach ihrer Umgebung, besondere Gestaltungen annehmen zu lassen; wie denn insbesondere, wie ich

schon angedeutet habe, dieser Vergleich hergebracht ist, das
Verhältnis von Haupt und Gliedern in den menschlichen
Verbindungen wiederzufinden. Aber ich meine nun aller-
dings, daß in einem ganz anderen Sinne als in dem der
objektiven Thatsächlichkeit, die sociale Organismustheorie eine
besondere Bedeutung hat. Sie hat nämlich ihre besondere
Bedeutung insofern, als sie vorhanden ist, nicht blos als
Theorie, sondern als sie entspricht den Verhältnissen, den
Beziehungen in denen das Individuum zu seinen Verbindungen steht, als sie also dem eigenen Empfinden und dem
Denken der Individuen korrespondiert, und in der That giebt
es eine sehr zahlreiche und große Klasse menschlicher Verbindungen, für die in diesem Sinne die organische Theorie
richtig ist, als sich in Wirklichkeit in diesen zahlreichen Verbindungen der individuelle Mensch empfindet und denkt, als
natürlichen Teil eines Ganzen, das ein von ihm unabhän-
giges Leben hat. Ich brauche nur an Familien und fami-
lienhafte Verbände zu erinnern. Ich will aber das Verhältnis, daß mir hiebei vorschwebt, deutlicher machen, indem
ich dabei hinweise auf das besondere Verhältnis, das menschliche Verbindungen zu Sachen haben, zu Sachen als ihrem
Eigentume, und daß wir uns hier gegenübergestellt sehen
der höchst bedeutenden Thatsache, daß es menschliche Verbindungen, wie gesagt, gegeben hat und noch giebt im
weitesten Umfange, die ein gemeinsames unteilbares Eigentum besitzen, sei es an Haus und Hof oder was von viel
größerer Bedeutung ist, an Grund und Boden. Das gemeinsame oder um es mit einem Worte zu bezeichnen, daß die
Sache deckt, das kommunistische Grundeigentum, das als
Objekt des gemeinsamen Willens erhalten bleibt, wenn auch
die individuellen Träger dieses Willens wechseln, dies ist in

in der Thal etwas, was als Ganzes den einzelnen sozusagen vorangeht, und hiſtoriſch ſehen wir, wie ſich aus dem gemeinſamen Eigentum das indivibuelle Eigentum entwidelt, ſich herausbildet. Es iſt das umgekehrte Berhältnis als das, was in der Lehre vom ſocialen Kontrakte vorausgeſetzt wird, daß die Menſchen mit ihrem Eigentum in die ſocialen Berbindungen hineintreten und ſie fortwährend dieſes Privateigentum darin verwahren, ja die wichtigſte und höchſte Berbindung, eben den Staat, hauptſächlich zu dem Zwecke einrichten, daß er mit ſeiner Macht dies Privateigentum erhalte und beſchütze; das Eigentum der Geſamtheil, des Staates wird dann als eine ſpezielle Kaſſe, wie die Kaſſe eines Bereins ober einer Altriengeſellſchaft gedacht, ſie leitet ſich aus den Kaſſen der Mitglieder ab, im Gegenſatze jener Entwidlung, in der die einzelnen ihr Eigentum aus dem Gemeineigentum herleiten.

Dieſer Gegenſat, glaube ich, iſt nicht ſchwer zu verſtehen, und ich könnte ihn leicht deutlicher machen durch eine ſpecielle Charakteriſtik jener kommuniſtiſchen Eigentumsformen und der durch ſie und mit ihnen entſtehenden ſocialen Berbände. Ich meine da in der Thal, daß das Verhältnis der heuligen Menſchen zur modernen Staatsverbindung ein ganz anderes iſt, daß das viel näher, viel richtiger ausgebrüdt wird durch jene Lehren, nach denen ſich die Indivibuen zu einer Berbindung zuſammenſchließen und mit ihrem Eigenlume darin eintreten, daß alſo dieſer Staat gleichſam als ihr Werkzeug, als das Mittel für ihre Zwede, als etwas von ihnen abhängiges gedacht wird und daß dieſe Natur des Staates allerdings im Finanzweſen und in den Budgetrechten der Bolksvertretungen deutlich zu Tage tritt. Denn darauf kommt es an: wie denken ſich die Indivibuen ſelber

ihre Verhältnisse zum Ganzen? Wie sind diese Gedanken,
sei es in ungeschriebenen Ueberlieferungen oder in geschrie-
benen Dokumenten niedergelegt? Und da in der Thal giebt
es die höchst bedeutenden socialen Gebilde, beruhend auf
denjenigen Formen des kommunistischen Grundeigentums,
wo dieses zwar schon aufgelöst ist, wo aber doch die Gemeinde
in diesem Sinne, in diesem Gedanken als Ganzes empfunden
und gedacht wird, daß der Einzelne sich selber als dienendes
Glied des Ganzen weiß und betrachtet. Solche sind z. B.
die großen Stadtrepubliken, die antiken Stadtgemeinden
sowohl als die des Mittelalters. Diese wurden so gedacht,
nämlich auch ökonomisch als Gemeinwirtschaften, die den
Haushalt des einzelnen Bürgers wesentlich umschlossen und
bedingten. Es lag dem menschlichen Gedanken ganz und gar
fern, das Ganze als etwas, daß ihnen als Werkzeug und
Mittel dienen sollte zu empfinden, sich vorzustellen. Diese
Vorstellung hat einen entwickelten Individualismus zu ihrer
Voraussetzung, folgt aber auch aus diesem mit Notwendigkeit.

Es giebt nun aber noch eine andere Betrachtung, in
der wir Gesamtheiten der Menschheit als Einheiten begreifen,
ja die ganze Menschheit in diesem Begriffe erkennen können,
und dieses ist freilich keine speziell sociologische Betrachtung
mehr, sondern es ist eine b i o l o g i s c h e Betrachtung. Es
wird in ihr das Leben der Gesamtheit von den Menschen
selbst als natürliche Lebenserscheinung betrachtet, ganz abgesehen von den sozialen Beziehungen, welche zwischen den
Menschen existieren. In diesem Sinne kann man in der
That die ganze Geschichte der Menschheit, die ganze Menschheit selbst als eine Einheit ansehen. Der Gedanke wird oft
auf Pascal zurückgeführt, der einmal hingeworfen hat,
daß man die Menschheit von ihren Anfängen an, als ein

großes Ganzes betrachten könne, und angelehnt daran hat
sogar der moderne Philosoph Comte, für seine Versuche, eine
Erneuerung der Religion zu schaffen, diesen Gedanken be-
nützt, indem er diese Gesamtheit des menschlichen Wesens
„le Grand Être" darstellt als etwas verehrungswürdiges,
als das, dem er einen besonderen Kultus widmen wollte,
einen Kultus, der dabei insonderheit den größten Repräsentanten der Menschheit gelten sollte. Aller auch in ganz nüch-
terner Erwägung hat ja diese Betrachtung der Menschheit
ihren guten Sinn. Sie entspricht da lediglich der biologischen
Lehre von der Urleinheit des Menschengeschlechtes, einer
Lehre, die keineswegs unbestritten ist, die aber doch sich des
größten Krebites erfreut, von der man sagen kann, daß sie
im Begriffe steht, zu einem wesentlichen Gute unseres wissenschaftlichen Inventares zu werden, eine Lehre die allerdings für viele Konsequenzen von großer Bedeutung ist.
Wenn wir die Menschheit so als Art, als Gattung, als
Species, als Einheit betrachten, so hindert das durchaus
nicht, daß wir diese Einheit wieder in kleinere Einheiten
zerfallen sehen, wie denn auch die Anthropologie, diese biologische Lehre vom Menschen vielfach versuchte, die Menschen
zu scheiden nach natürlichen Abteilu·gen, den Rassen, innerhalb der Rassen dann unterscheiden sich von selbst wieder
die Abteilungen als Völker, innerhalb der Völker die Stämme
u. s. w. bis auf Familien und Individuen hinab. Dabei ist
es leicht zu sehen, daß jede solche untergeordnete Einheit
ebenso wie die große Gesamteinheit gewissermaßen ihr be-
sonderes Leben hat, ihr Leben nämlich, wenn man es betrachtet als rein biologische Thatsache, abgesehen von der
socialen Bedeutung, ihr Leben als beharrende Existenz. Wir
sagen, wir behaupten, so gut wie wir die Identität des

Individuums behaupten, so auch daß die Raſſe, die mon-
goliſche Raſſe z. B. ſo wie ſie jetzt beſteht identiſch iſt mit
der mongoliſchen Raſſe, wie ſie dargeſtellt wurde von ihren
Vorfahren vor vielen Tauſenden von Jahren. Und ſo können
wir bei jeder ſolchen Abteilung der Menſchen, von ihrem
Leben im allgemeinen und inſonderheit von jener elemen-
tarſten Lebenserſcheinung ſprechen, von dem Wachstum. Das
Wachstum der Menſchheit als Ganzes iſt ja eine Thatſache,
die ſich uns eben auch in ihrer großen Bedeutung für die
ſociale, hiſtoriſche Anſicht aufbrängt. Wir können zwar nicht
die Geſchichte der Menſchheit in dieſem Sinne rekonſtruieren,
daß wir darzuſtellen vermöchten, wie die Menſchheit etwa
aus einer Familie erwachſen ſei, wie ſie ſich geteilt habe,
wie dann einzelne Teile wieder abgeſtorben ſeien, wie vielleicht zeitweiſe eine Verminderung der Geſamtheit ſtattge-
funden habe; wir können nur ſagen, daß im großen und
ganzen ein überwiegendes Wachstum der Menſchheit ſtatt-
gefunden hat der Zahl nach, ſo daß wir uns wohl ſagen
dürfen, daß noch zu keiner Zeit der Erdgeſchichte eine ſo
große Zahl von Menſchen die Erde bevölkert hat, wie es
jetzt der Fall iſt. Und dieſes Wachstum der Menſchheit ſteht,
wie ich ſchon angedeutet habe, in innigſter Beziehung zur
Geſchichte der Menſchheit, zur Kultur der Menſchheit. Schon
die äußerliche Betrachtung zeigt uns dies auf das deutlichſte.
Wie wir nämlich ſehen, wie ſich die Menſchheit auf die Erde
verteilt hat und wie außerordentlich verſchieden das iſt, was
man ſtatiſtiſch die relative Bevölkerung oder die Dichtigkeit
der Bevölkerung nennt, das heißt, die Bevölkerung gemeſſen
an dem Raume, den ſie einnimmt. Hier ſind die Dimen-
ſionen der Kultur ſo ſichtbar, ſchon an den 5 großen Weltteilen, daß es in der That doch trotz der Unterſchiede, die

babei sonst noch walten, in hohem Grabe charakteristisch ist, wenn wir eine aufsteigende Linie der Bevölkerungsdichtigkeit in den 5 Weltteilen, von Australien an nach Amerika, Afrika, Asien und endlich Europa, daß an der Spitze steht, beobachten. Und innerhalb Europas wiederum sehen wir aufs deutlichste, wie die Menge der Bevölkerung mit dem Grade der Kultur in einer engen Beziehung steht. Innerhalb Europas sind die größten Abstände in der Dichtigkeit der Bevölkerung vorhanden, wie sie gipfelt in solchen Industrieländern wie Belgien, wie das Königreich Sachsen und andern. Es liegt eben auf der Hand, daß die mögliche Bevölkerung auf einem bestimmten Gebiete in unmittelbarem Verhältnisse zu der Menge der vorhandenen Lebensmittel steht, daß diese Menge, die auf einem bestimmten Gebiete lebt, doch wohl nur leben kann insofern sie sich ernähren kann. Wenn es auch thatsächlich bekanntlich viele Individuen giebt, die sehr kümmerlich sich ernähren, so bleibt doch als Regel dieses durchweg: so weit die Ernährung ausbleibt, hat dies direkte Wirkung auf die Menge der Bevölkerung. Es ist Ihnen allen bekannt, wie diese Betrachtung des Verhältnisses der Bevölkerung zur Menge der Lebensmittel besondere Theorien veranlaßt hat und besondere sogenannte Bevölkerungsfragen ins Leben ruft, wie es zahlreiche Theoretiker giebt, die in Anlehnung an den englischen Schriftsteller Malthus, der im Anfang dieses Jahrhunderts über die Bevölkerung schrieb, lehren, daß eine beständige Tendenz zur Uebervölkerung besteht, daß die Bevölkerungen in einem stärkeren Verhältniß zunehmen, als die Menge der verfügbaren Lebensmittel zunehmen könne, daß sie also gegen den Rand der Subsistenz beständig hindrängen. Ich erwähne diese Lehre hier, weil ich durch sie darauf komme, den Unterfchied einer rein biologifchen Betrachtung folcher Probleme von der focialwiffenfchaftlichen zu kennzeichnen. Die Betrach- tung des Malthus ift nämlich eben darin mangelhaft, daß fie eine rein biologifche ift, daß fie die Tendenz der menfch- lichen Vermehrung betrachtet als eine gegebene Kraft, als eine natürliche Kraft, die fich in ihren Wirkungen notwendig äußere und in ihren Wirkungen nur gehemmt werde durch entgegengefetzte ähnliche Kräfte, auch biologifche Kräfte, nämlich eben das, was er die Hemmniffe der Bevölkerung nennt, die er nun einteilt in moralifche, folche die im Willen des Menfchen liegen und andererfeits in natürliche, die alfo fich darftellen als Peftilenz, Krieg, Hungersnot und dergleichen mehr. Er verkennt dabei die eigentümliche Befchaffenheit des Menfchen als focialen Wefens, die eigentümliche Bedingtheit, in der durch die Thatfachen des focialen Lebens die Ver- mehrung des Menfchen fteht, wie mit andern Worten, die Vermehrung des Menfchen focialwiffenfchaftlich nicht anders betrachtet werden kann als im Verhältnis zu den Sitten und Inftitutionen der Menfchen, infonderheit, was wir das Familienleben nennen und was das Zentrum bildet, das Verhältnis der Gefchlechter zu einander, die Ehe.

---※---

II.

Ich wünschte Ihnen in Bezug auf die Frage der Vermehrung des Menschengeschlechtes den Unterschied deutlich zu machen zwischen einer biologischen und einer sociologischen Ansicht dieser Sache. Für die biologische Ansicht existiert als Bedingung der Vermehrung nichts als der Wille eines Paares, die sociologische Ansicht stellt als regelmäßige Bedingung der Vermehrung eine sociale Thatsache, die Ehe auf, und je mehr die Eheschließung als Bedingung für die Fortpflanzung gedacht wird, je mehr die Eheschließung mit Besonnenheit geschieht, desto mehr wird eben diese Tendenz zur Vermehrung hinausgehoben über das blinde Triebleben, dem sie von Natur angehört und hinaufgehoben in das Reich der menschlichen Vernunft. Die Eheschließung aber hat in allen entwickelten Kulturzuständen ihre eigentümlichen Bedingungen, die bei großen Bestandteilen des Volkes, in Rücksichten auf Stand und Vermögen, allgemein aber in gewissen ökonomischen und sittlichen Erwägungen liegen, die hauptsächlich den zu ernährenden, aber auch zu erziehenden Kindern gelten. Es kommen dabei außer dem Willen der Beteiligten thatsächlich verschiedene, vielleicht auch andere, aber hauptsächlich kollektiv-sociale Willen in Mitwirkung. Als solcher steht in unseren Verhältnissen regelmäßig oder doch in einer überwiegenden Mehrzahl von Fällen nur der Staatswille da, sofern er sich bethätigt, sofern er aber auch aktuell wird auf bloßes Er-

fordern des beteiligten Paares und unter gewissen äußeren
Bedingungen. In der großen Menge menschlicher Kulturzustände aber sind eine ganze Reihe von kollektiven Willen
dabei beteiligt, die sich objektiv darstellen als die Billigung
oder Mißbilligung eines umgebenden Kreises, der Verwandten,
der Gemeinde, als Sitte, als Religionsbestimmungen, endlich
eben als Bedingungen, an die der Staat die Eheschließung
knüpft. Alle diese kollektiven Willen umschließen das einzelne
Paar. Sie bestimmen, welche Verbindungen zwischen Menschen
richtig und gültig oder doch, welche vernünftig und heilsam
seien, und wir haben nun zu leben im großen und ganzen
in Einrichtungen, in denen die Ehe ausschließlich ein Verhältnis zwischen einem Manne und einem Weibe ist, wodurch
wenigstens die eheliche Fortpflanzung, die zugleich die social
begünstigte ist, in bestimmte Grenzen eingeschlossen wird.
Diese monogamische Form der Ehe erscheint uns als eine
gewisse Notwendigkeit der Kultur. Nach den älteren Theorien ist sie eine uranfängliche, insofern wenigstens, als die
Ehe ausschließlich ausgehend gedacht ist von dem Manne,
und es werden nach der älteren Lehre wesentlich nur unterschieden die Form der Vielehe, daß ein Mann mehrere
Frauen hat und die Form der Einehe, daß ein Mann eine
Frau hat. Es ist erst neueren Forschungen vorbehalten gewesen, ein Licht zu werfen in Zustände von ganz anderer
Art und dadurch in die vermutliche Entwicklungsgeschichte
der Ehe. Es ist bei diesen Untersuchungen und Theorien
mitwirkend gewesen von Anfang an die Idee, daß sich die
Menschheit aus einem rohen, tierischen Zustande erhoben
habe, zu dem menschlichen, zivilisierten Zustande. Diese
Idee, die schon der Aufklärung gemeinsam war, ohne daß
damit eine biologische Ansicht über die Abstammung der

Menschheit verbunden wurde, ist erst, gegenüber der theologischen Ansicht einer übermenschlichen Entstehung des Menschen, befestigt worden durch die wissenschaftliche Forschung,
die jetzt beinahe zu einer allgemeinen gemacht hat die Ansicht, daß der Mensch von Tieren abstamme. Dadurch ist,
wie gesagt, jene ältere Lehre von der Herkunft der Zivili-
sation aus dem Zustande der Wildheit erst gründlich befestigt
worden, und von dieser Ansicht aus sind dann die neueren
Forschungen hineingedrungen in die Institutionen von lebenden
Menschen, die sich in einem Zustande darstellen, der von
unserem sehr weit entfernt ist. In Bezug auf die Entstehung
der Ehe nun ist aus diesen Betrachtungen die Hypothese
erwachsen, daß allen gewesenen Formen dieser Institution
ein Zustand vorangegangen sei, den man als Promiscuität
bezeichnet, den man auch einfach als ehelosen Zustand bezeichnen kann. Bestritten wird diese Ansicht noch neuerdings
und von wissenschaftlicher Seite namentlich durch ein um-
fangreiches Werk des finnischen Gelehrten Westermarc, mit
Hinweisung darauf, daß in der That die Forschung auch in
sehr wilden, ursprünglichen Zuständen die Einzelverbindung
zwischen Mann und Weib aufzeigt und durch die Vermutung,
daß der Mensch seiner Natur nach ein monogamisches Tier
sei, wie es thatsächlich andere monogamische Tiere giebt.
Ich meine nun, daß man in der That eine entschiedene
Neigung der Menschen zu dauernden Paarungen zugeben
kann und insofern die Menschen von Natur monogamisch
nennen darf, daß aber bei dieser Frage sehr stark zu unterscheiden ist, zwischen thatsächlich monogamischen Verhältnissen
und einer ausgebildeten Institution der Ehe. Die ausge-
bildete Institution der Ehe hat eine ganze Reihe von Voraussetzungen, die wir in ursprünglichen Zuständen uns nicht

benken können. Es ist eben die Uebereinstimmung einer großen Gruppe von Menschen nötig, daß nur die aus gewissen Verbindungen entspringenden Kinder r e ch t e oder echte Kinder seien, und von dem Gesichtspunkte aus, daß zu den Vor= stellungen des Rechtes die Menschheit sich erst allmählich heraufgerungen haben kann, können wir die Hypothese nicht abweisen, die uns von neueren Forschern vorgetragen wird — ganz besonders ist als deren Urheber der Amerikaner L e w i s M o r g a n hervorgetreten —, wonach in der That die ursprüngliche Idee der Ehe als eines rechten gesetzlichen Verhältnisses sich keineswegs bezogen habe auf einzelne Paare, sondern vielmehr auf ganze Gruppen von Paaren, und daß in einem ursprünglichen Zustande, wenn auch noch so sehr, noch so viele dauernde monogamische Verhältnisse über= wogen haben mögen, keine Vorstellung vorhanden war von irgend welchen unzulässigen, unerlaubten und deßhalb unmöglichen Verbindungen, sondern jede Verbindung an sich möglich schien, auch jeder Wechsel; daß von diesem Zustande aus zu einer allmählichen Begrenzung, die durch mehrere Stufen hindurch gegangen ist, eine Entwicklung stattge= funden hat. Wie man sich nun auch kritisch verhalten mag zu der rekonstruierten Darstellung, wie sie Morgan gegeben hat, und wie sie die Publizierung durch F r i e d r i ch E n g e l s in weitere Kreise getragen hat, man wird doch wohl zugeben müssen, daß diese Rekonstruktion als eine gewisse vorläufige Konstitution jener leitenden Idee sich dar= stellen mag. Morgan nämlich hat sich dabei leiten lassen von Betrachtungen der bei verschiedenen Volksstämmen vor= handenen Systeme der Blutsverwandtschaft, wie sie sich in der Sprache ausdrücken, und es ist immerhin fraglich, ob dieser Leitfaden ein richtiger gewesen ist. Er betrachtet diese Systeme der Blutsverwandschaft als Niederschläge von

Eheformen, und er führt uns ein Syſtem von Blutsver-
wandſchaft vor, das älteſte, das noch erhalten gefunden
wurde in Hawai, wo es keine andere Unterſcheidungen giebt
von Verwandtſchaft als die von Generationen. Es werden
unterſchieden Männer und Weiber, aber unter den Männern
und unter den Weibern nur die Generation. Die mit dem
Redenden gleichaltrige heißt die der Brüder und Schweſtern,
die ältere Väter und Mütter und die jüngere die der Söhne
und Töchter. Morgan betrachtet dieſes Syſtem der Bluts-
verwandſchaft als Reſt, der ſich erhalten habe von einer
untergegangenen Form der Familie, das heißt einer erſten
Begrenzung der Ehe, der Begrenzung durch die nun alle
Männer einer Generation mit allen Frauen einer Generation als ehelich berechtigt angeſehen wurden, ſo daß aber
eben dadurch die große wichtige Neuerung getroffen war,
daß Ehen, die einem Verhältnis entſprechen, das wir jetzt
als Blutſchande verſtehen, und das uns als ein ſchweres Ver-
brechen gilt, daß ſolche geſchlechtliche Verbindungen zuerſt
mit beſtimmtem Willen ausgeſchloſſen wurden, bis auf ſolche
zwiſchen leiblichen Geſchwiſtern, die auch uns noch als weniger
greuelvoll erſcheinen im Vergleiche zu ſolchen Verhältniſſen
zwiſchen Erzeugern und Erzeugten, und die ja noch als
königliche Verbindungen in der Hiſtorie der Aegypter und
Perſer und anderswo auftreten. In der That muß man
bei einem urſprünglichen Zuſtande, der ſolche Verwandtſchafts-
namen überhaupt nicht kannte, der nicht einmal beſtimmte
Generationen unterſchied, auch Verbindungen zwiſchen nächſten
Blutsverwandten als vorkommend, als möglich angeſehen
haben und anſehen. Dieſe Vorſtellung nun einer Gruppen-
ehe, einer ganzen Gruppe von Männern ehelich verbunden
mit einer ganzen Gruppe von Weibern, wird oder wurde

in der That noch bei einzelnen Völkerstämmen angetroffen, allerdings aber angetroffen in einer strengeren Begrenzung, und diese Familienform, die jetzt nur noch vereinzelt vorkommt, sei als die auf die ursprüngliche Blutsverwandtschafts-Familie folgende einst universell gewesen; sie habe ihren Niederschlag gefunden in einem noch jetzt viel weiter verbreiteten Verwandtschaftssysteme, einem Verwandtschafts-systeme, das eine große Menge von Bezeichnungen hat und zwar so, daß in den Generationen wieder verschiedene Klassen unterschieden werden. Dabei ist z. B. der Sohn meines Bruders nach wie vor mein Sohn, dagegen wird der Sohn meiner Schwester nicht mehr als mein Sohn angesehen, und dieses Verbot der Verbindung von Brüdern und Schwestern ist nun der zweite große Einschnitt, die zweite große Ein-schnürung des ursprünglichen Zustandes wo alles erlaubt war. Ein solcher Zustand der Familie, den Morgan Punalua-Ehe nennt, wurde in der That zu Anfang des Jahrhunderts noch bei den Hawaii auf den Sandwich-Inseln, angetroffen. Hier ist eine ganze Gruppe von Männern auch mit einer ganzen Gruppe von Frauen verheiratet gedacht, aber dies sind eben nicht die Schwestern, es sind nicht bloß nicht die Schwestern, in unserem Sinne, sondern auch in dem Sinne, in dem die Wilden sich Schwestern denken, als in einer ab-geschlossenen Gruppe die der gleichen Generation angehörigen Weiber, sondern es sind eben Weiber, die einer anderen Gruppe angehören, und diese Gruppe ist die Gruppe, die noch weit hinaus, bis in historische Zeit, als eine geschlossene Gruppe existiert und insbesondere diese rechtliche Bedeutung hat, daß innerhalb ihrer eheliche Verbindungen überhaupt nicht zulässig sein sollen. Diese Gruppe ist die Geschlechts-genossenschaft. Wir kennen diese Gruppe, die man mit einem

von den Schotten entlehnten Worte clan nennt und die
man als exogam, d. h. außerhalb heiratend bezeichnet, diese
Gruppe kennen wir bei historischen Völkern, insbesondere bei
Griechen und Römern und kennen sie in den Resten der
Rechtssätze bei den Germanen. Wir kennen sie auch bei
diesen Völkern als eine wesentlich patriarchalische. In ihr
steht der Mann an der Spitze. Dies ist die Verwandtschaftsgruppe, die gedacht wird als von einem männlichen Vorfahren abstammend. Eine entsprechende Verwandtschaftsgruppe
aber finden wir bei den wilden Völkern, die sich nicht auf
einen väterlichen Vorfahren, sondern auf einen mütterlichen
Vorfahren zurückführen. Diese Gruppen, die mütterlichen
Clans, hat noch in voller Blüte Morgan bei dem Irokesenstamme der nordamerikanischen Indianer gefunden. Anderswo
führen zahlreiche Spuren auf diese zurück. Die ganze Tradition der antiken Völker ist von einem großen, schweizerischen
Gelehrten Bachofen untersucht worden nach dieser Richtung
hin und dies ist in dem tief-geistreichen Buche: „Das Mutter-
recht" niedergelegt, wo nun in einer weit über das Ziel
schießenden Weise, in Verbindung mit manchen gewagten
Deutungen alter Mythen und Ueberlieferungen, doch mit
Recht hingewiesen wird auf zahlreiche Spuren, die auf einen
solchen Zustand zurückgehen, wie ihn in einer Stelle, die
dafür klassisch geworden ist, Herodot geschildert hat, wo
er von den Lyciern spricht und dies als etwas ganz unver-
gleichliches, bei keinem andern Stamme sich findendes hinstellt.
Dort sagt er: „Sie haben diese eigentümliche Sitte, daß sie sich
von ihren Müttern her nennen. Wenn du einen Mann
frägst, wird er dir seinen Namen sagen und den seiner
Mutter und seiner Großmutter u. s. w." und, sagt er ferner,
„wenn eine Frau sich mit einem Sklaven oder Fremden

verbinbet, so gelten die Kinder als rechte Kinder, wenn aber
ein Mann, und wäre er der angesehenste, sich mit einer
Sklavin oder einer fremden Frau verbindet, so werden die
Kinder als ehrlos, also als uneheliche, angesehen". Es ist
ja nun eine Thatsache der Natur, daß das Kind zunächst
der Mutter gehört, und daß Mutter und Kind einander
kennen, ist gewiß das ursprünglichste solcher Verhältnisse, wie
denn noch in zivilisierte Zeiten hinein, bis in unsere Zeiten,
das Verhältnis, die Thatsache keineswegs selten ist, daß eben
Kinder nur ihre Mutter kennen und ihr Vater ein Unbe-
kannter, ein Ungewisser ist. In einem römischen Rechtssatze
ist dieser Begriff niedergelegt, daß der Vater immer un-
gewiß sei, während die Mutter eben durch eine sinnlich
wahrnehmbare Thatsache gefunden und erkannt wird. Es
sind hier, wie Bachofen zeigt, in vielen alten griechischen
Sagen, deren Verständnis er in diesem Sinne zuerst eröffnet,
die Gedanken erhalten an die große Bedeutung des Wechsels,
des Ueberganges von einem Zustande des Mutterrechtes zu
einem Zustande des Vaterrechtes. Höchst merkwürdig ist in
dieser Hinsicht der Vorgang, den der große Tragödiendichter
Aeschylos verewigt hat. Jener Vorgang, wenn der Muttermörder Orestes, der den Tod seines Vaters gerächt hat,
der Muttermörder, von den Erinnyen, den Töchtern der
Nacht, verfolgt wird und, geplagt von ihnen, wendet er sich
zuletzt an jenes uraltertümliche Gericht Athens, den Areopag.
Dort tritt der Burggott Apollo für ihn auf und verkündet,
er stelle sich dar als der Sohn des Vaters, des Zeus und
daher als der Vertreter der väterlichen Ansprüche. Die
Erinnyen sagen auf die Frage, warum sie den Tod des
Agamemnon nicht als ungerecht verfolgt haben: "Es war
keine Blutsverwandtschaft zwischen dem Manne und dem

Weibe". Sie sagen nicht zwischen dem Manne und dem Sohne sei keine Blutsverwandtschaft, aber ihre Reden bedeuten wenigstens bies, daß ihnen die Blutsverwandtschaft zwischen Mutter und Sohn unvergleichlich wichtiger und heiliger ist; zuletzt aber tritt die Göttin Athene auf, die das Gewicht in die Wagschale legt zur Lossprechung des Muttermörders, und sie bekennt sich ausdrücklich zu der wesentlichen Bedeutung der Vaterschaft. Sie ist eine Tochter ohne Mutter und das ist eben die Bedeutung dieser Sage, die wesentliche Vorherrschaft des väterlichen Prinzipes zur Geltung zu bringen. In welcher Weise sich historisch diese Uebergänge vollziehen, können wir aber nicht ermitteln. Wir können nur wahrscheinlich machen, daß die väterliche Familie, die Familie, in der der Vater die Hauptperson ist, wesentlich verbunden ist mit der Entwicklung des Eigentums und es hat manche Wahrscheinlichkeit die Hypothese für sich, daß diese patriarchalische Familie sich ursprünglich hauptsächlich auf Raub der Frauen, auf kriegerischen Alten begründet habe. Wenn man sich eben einen Zustand vorstellt, wo die mütterliche Tendenz in Blüte steht, wo daher die Männer, die mit den Frauen der Gens vermählt sind, nicht zu dieser Gens gehören, sondern einer andern angehören, daher in Abhängigkeit von der mütterlichen Gens erhalten werden, so ist es zunächst eine von selbst leicht verständliche Sache, daß der Mann sich emancipieren kann. Wir haben ja in den biblischen Traditionen, die wir als Kinder lernen, im alten Testament, noch von solchen Zuständen ein klassisches Exempel in jener Geschichte, wo der Hirte Laban seinen Neffen Jakob bei sich aufnimmt und ihn zuerst mit seiner einen Tochter, dann mit seiner andern Tochter verheiratet. Er muß barum dienen. Es besteht keine Monogamie. Beide

Frauen haben den einen Mann. Wir wissen nicht, ob sie
in Wirklichkeit nicht auch andere Männer gehabt haben;
aber wir hören, daß sich der Jakob, nachdem er viele Kinder
gezeugt hatte mit diesen beiden Frauen und noch mit ihren
Mägden, daß er da wünschte, mit einem Teile der Herde,
der großen Herde, die sein Schwiegervater besaß, hinwegzu-
ziehen in das heilige Land, und daß es ihm gelang. Das
ist eine der möglichen Formen, in poetischer Verklärung dargestellt, für die Auflösung des mütterlichen Clans, und wir
mögen wohl denken, daß von den Zeiten an, daß Jakob in
sein eigenes Land zurückzog, sein Verhältnis zu seinen Frauen
ein anderes geworden ist. Bisher standen sie unter dem
Schutze ihrer Gens und des Vertreters derselben, ihres
Vaters, und nun standen sie ausschließlich unter dem Schutze
ihres Gatten, und es ist bekannt, wie sich an diese Form
besonders der Polygynie, des Zustandes, wo ein Mann viele
Frauen hat, ein sklavenähnlicher Zustand der Frauen an-
geknüpft hat und auch vielfach andauert, in einem gewissen
Sinne noch andauert, nachdem die Ehe von einer polygy-
nischen zu einer monogynischen übergegangen ist. Ich darf
wohl darauf verzichten von den übrigen Formen der Eheschließung, die in historischer Zeit vorkommen, hier zu reden,
um noch einen Blick zu werfen auf den gegenwärtigen und
den vermutlich zukünftigen Zustand der Ehe. Wir leben in
einem Zustande, wo bekanntlich die Einzelehe als die allein
gültige dasteht, keineswegs aber in einem Zustande, wo
die Fortpflanzung des menschlichen Geschlechtes ausschließlich
vermittelt wird durch diese gesetzliche Form, geschweige denn
in einem Zustande, wo die geschlechtlichen Verbindungen
zwischen Männern und Frauen ausschließlich ehelicher Natur
sind. Was die Ehe selber betrifft, so finden wir im Laufe

der modernen Entwicklung einerseits eine entschiedene Tendenz zu ihrer Erleichterung, zum Fallenlassen der Schranken
und Grenzen, die sie hemmten, andererseits eine Tendenz
zu ihrer leichtern Auflösung und Scheidung und im Zusammenhange mit diesen Erleichlerungen steht die Thatsache,
daß im Rechte die Unterschiede zwischen ehelichen und un-
ehelich geborenen Kindern mehr und mehr verschwinden und
verschwunden sind.

Alle diese Thatsachen zusammen begründen das Urteil,
daß die Idee der Ehe eine weniger strenge geworden ist,
und das entspricht zugleich einer sichtlich zunehmenden Lax-
heit moralischer Ansichten in Bezug auf die Verbindungen
zwischen Mann und Weib.

Diese moralischen Ansichten sind in ihrer Entwicklung,
auch die unsrigen, die historischen, wesentlich durch religiöse
Einwirkungen bestimmt gewesen. Die Mitwirkung der Kirche
bei der Eheschließung gilt noch heute in den weitesten Kreisen
als unerläßlich, obgleich sie rechtlich keine Folge mehr hat.
Sie wird noch durch die Sitte gefordert und indirekt noch
durch den Staatswillen begünstigt. Im ganzen aber entspricht diese Mitwirkung der Kirche der herrschenden Verquickung religiöser Vorstellungen mit den moralischen, und
es entspricht wiederum dieser Verquickung, daß mit dem
Verblassen der religiösen Vorstellungen, auch die moralischen
Ideen in Bezug auf die Ehe laxer werden. Dies freilich ist
in viel größerem Umfange verursacht durch die allgemeinen
Zustände des modernen Lebens. Während nämlich in den
Zuständen, aus denen sich diese modernen Zustände entwickelt haben und immer entschiedener herauslösen, die Eheschließung noch wesentlich eine Familienangelegenheit und in

großem Umfange eine Angelegenheit, die mit Besitzverhält-
nissen verquickt war, gewesen ist, so daß die Ehe dadurch
auch eine erhöhte Bedeutung bekam, so ist die ganze Klasse
des modernen Proletariates durch ihre Loslösung vom
Besitze, durch ihre Loslösung zum großen Teil sogar von
der Seßhaftigkeit, von Grund und Boden, von solchen Bedingungen vollständig befreit. Für sie ist wiederum die Ehe
nur in geringem Maße, nur durch einen äußern formellen
Akt unterschieden von außerehelichen Verhältnissen. Das
außereheliche Verhältnis geht regelmäßig in ein eheliches
über erst dann, wenn die Erwartung eines zu gebärenden
Kindes dazu veranlaßt, und es zeigt sich eben darin wiederum
jene elementare Thatsache, daß die Ehe ursprünglich eine
Sache der Mutter ist. Die Mutter fordert regelmäßig die
Ehe wegen ihres Kindes, indem sie, ganz abgesehen von
den Rechten, dem Kinde auch die Ehre bewahren will und
vor allem die dauernde Garantie seiner Existenz durch die
Mitwirkung des Vaters zu seiner Ernährung und seinem
Schutze.

Denkt man sich also, daß diese Mitwirkung unnötig
würde und daß gleich den Vorrechten auch die Vorehren
des ehelichen Kindes aufhörten, so wäre damit die Ehe als
rechtliche Verbindung überflüssig geworden. Andererseits, kann
man sagen, ist auf den Höhen der Gesellschaft, in der besitzenden und herrschenden Klasse mehr und mehr die Ehe
abgelöst, getrennt von den natürlichen Verhältnissen zwischen
den Geschlechtern. Sie ist mehr und mehr zu einem Interesse des Eigentums und des Standes geworden. Sie ist
mehr und mehr bedingt durch das Interesse des Mannes,
seinem Stande gemäß zu leben und das oft erst durch die
Ehe erworbene Eigentum zu repräsentieren, auf seine Erben

zu übertragen. Sie ist in diesen Regionen also mehr und mehr eine väterliche Ehe geworden, d. h. eine wesentlich sociale und rechtliche Thatsache und Institution, im gleichen Maße weniger eine sittliche; denn das Sittliche ist immer die Vollendung des Natürlichen, beruht also in seinem eigenen Zwecke und dient nicht äußerlich einem fremden Zwecke, wie hier die Ehe dem Eigentume dient.

———✶⚹✶— — —

III.

Die Entwicklung des Eigentums zeigt manche verwandte Züge mit der Entwicklung der Ehe. Beide Institutionen sind in ihrer früheren Entwicklung umgeben von jenen persönlichen, innigen Verbänden, die im wesentlichen auf Blutverwandtschaft beruhen, und es ist schon darum das gemeinschaftliche Eigentum das primäre, das ursprüngliche, um so mehr als das Eigentum am Lande zunächst nur Bedeutung hat, weil die ursprünglichen Verbände ihrer Natur nach Kampfgenossenschaften sind, Genossenschaften zur Verteidigung und zum Angriff. Darauf beruht überall die ursprüngliche Idee der Herrschaft über ein gewisses Gebiet, über einen bewohnten Grund und Boden. Die Idee der Territorialhoheit, wie wir sie jetzt nennen, ist ursprünglich nicht geschieden von derjenigen des Eigentums. Aber in Wahrheit ist in dem Sinne, in dem wir das Eigentum verstehen, diese Herrschaft über ein Landgebiet von verhältnismäßig geringer Bedeutung. In ursprünglichem Zustande, wo die Menschen von dem Ertrage, sei es der Jagd oder der Fischerei, oder von leicht gewonnenen Früchten der Erde, im wesentlichen lebten, gab es jedoch, so weit unsere Forschungen uns den Blick hinein erlauben, von Ursprung so viel Eigentum an Grundstücken innerhalb eines vereinigten Stammes oder Volkes, als es eben Verbände innerhalb dieser Gesamtgruppe gab, und da nun von diesen Verbänden der wesentlichste die

Gens war, so ist auch die Behauptung des gentilen Eigentums an Grund und Boden von wesentlicher Bedeutung,
ursprünglich verbunden mit dem Gemeineigentum an der
Wohnstätte, dann aber, je mehr sich die Gens scheidet in
einzelne Familien und Familiengruppen, desto mehr davon
sich differenzierend, so daß dann der Begriff Familiengruppe
mit der gemeinsamen Behausung, der Begriff Gens mit dem
gemeinsamen Grund und Boden verbunden wird. Es hat aber
dieses Eigentum beides eben darum geringe Verwandtschaft
mit dem modernen Begriffe des Eigentums, weil es solchen
nicht sterbenden Körperschaften gehörte. Der Erbgang tritt
nicht ein, solange sich diese Körperschaften erhalten. Gleichwohl aber ist die Idee der persönlichen Habe in Abscheidung
von den Genossen eine uralte und sehr natürliche, insbesondere
so weil es sich um Gegenstände des unmittelbaren Gebrauchs,
besonders um solche, die Ergebnisse eigener Arbeit sind, handelt, wie denn von solcher Art, seitdem die ersten Künste sich
entwickelten, die Waffen, Geräte, Schmuckgegenstände u. dgl.
sind. Aber auch hier macht sich die Idee der Gens in den
ursprünglichen Zuständen überall geltend, weil nur die eine
Erbschaftsidee gilt, die der Gens; auch diese persönliche
Habe verbleibt den Gentilen. Ein persönliches, erbliches und
freies Eigentum entsteht erst im Fortschritte der menschlichen
Erfindung, des menschlichen Verstandes, insbesondere durch
die große Thatsache der Domestikation der Tiere. Das früheste,
bedeutende Eigentum ist das Eigentum an Herdenvieh, und
wir mögen uns wohl vorstellen, wie es in einem ursprünglichen Clan, in dem mütterliche Vorrechte herrschten, worin
der Ehemann gleichsam nur geduldet war, einer andern Gens
anzugehören pflegte, wie es da vorkam, daß ein solcher, der
also in einer Abhängigkeit sich befand, sich losriß mit den

Tieren, die er etwa selbst gezähmt hatte und mit den Weibern, die er selber sich aus andern Stämmen geraubt hatte, zunächst also mit seinen Kebsweibern, dann aber auch mit seinen rechten Weibern, die noch der ursprünglichen Gens angehörten. Dazu kommt dann, sobald auch die Domestikation von Menschen anfängt, in unmittelbarem Zusammenhange mit der der Tiere, die Versklavung der Menschen. Das ist ein durch Alter geheiligtes Eigentum, und so aus diesen Gruppen unter einem männlichen Oberhaupte entstanden, steht jene patriarchalische Familie da, die, regelmäßig polygynisch, mit Vielweiberei verbunden, zuerst die Macht des Mannes innerhalb dieser Urgemeinden begründet. Diese patriarchalische Familie, die noch, bis durch die neuere Forschung ein neues Licht entdeckt wurde, für ein ursprüngliches Bild gehalten wurde, sie ist ein verhältnismäßig spätes Produkt der menschlichen Entwicklung. Es entspricht aber auch diesem neuen, sozusagen ersten Eigentume eine neue Erbregel, die Erbregel, wonach solches Eigentum nun zwar auch innerhalb der Gens, der nun auf Grund der männlichen Herrschaft neu gegründeten väterlichen Gens, verbleibt, aber mit der speziellen Beziehung, daß ein engerer Kreis von Nachkommen, der dem Manne am nächsten stehende, zunächst sein ältester Bruder — dann erst kann der Sohn in Frage kommen — daß aber jedenfalls ein Herr wieder an die Stelle des verstorbenen eintritt, und es ist nun natürlich so, daß diejenigen Männer, die sich so losreißen und eine neue sociale Ordnung dadurch gründeten, nur solche sein konnten, die schon innerhalb der alten Verfassung eine führende Rolle gespielt hatten; die Häuptlinge konnten es nur sein, die sich im Besitz von Herden, Weibern, Knechten und Mägden befanden. So ist denn auch dieser Uebergang bezeichnend dafür, daß die Häuptlingschaft

selber erblich wurde, die ursprünglich bei allen Gentes mit
mütterlicher Herrschaft rein auf Wahl beruhte, gleichsam
auf einer Uebertragung durch die versammelten Genossen
unter denen Männer und Weiber gleichberechtigt zu sein
pflegten, derjenigen Herrschaft, die der weibliche Chef nicht
auszuüben in der Lage war, auf den dazu geeigneten Mann,
der nun in sehr vielen Fällen, wovon noch in spätere Civilisation Spuren hinübergegangen sind, nicht etwa der Ehemann — denn dieser gehört einer andern Gens an — war,
sondern der Bruder dieser Häuptlingin. Aber mit dem
Uebergang auf die männliche Linie wird auch die Häuptlingschaft allgemein erblich, sei es, daß die Wahl nach und nach
zu einem bloßen Ceremoniell zusammenschrumpft, oder daß
sie ganz in Vergessenheit tritt und unter dem Einfluß religiöser Ideen die Vererbung dieser Würde als eine natürliche,
als eine auf höhere Gerechtigkeit begründete erscheint. Eine
noch jüngere, neuere und wichtigste Eigentumsform wird aber
durch den großen Uebergang in die eigentliche Epoche der
Kultur begründet, durch den Uebergang zur Bebauung des
Ackers. Es scheint, daß dieser Uebergang nun viel mehr
ausgegangen ist von den geringeren Leuten innerhalb der
Gentes als von den Häuptlingen. Diese Häuptlinge mit
ihrem oft sehr großen Herdenbesitz und mit der Freiheit,
die sie zunächst natürlicherweise mit allen Gentesgenossen
teilten, das gemeinsame Land nach Kräften und Belieben
zu nutzen, sie haben mit ihren Herden Weidefutter genug
und brauchen sich nicht der Plage körperlicher Arbeit hin-
zugeben. Dagegen zwingt die Zunahme der Bevölkerung
dazu jene, die nur in unzulänglichem Maße sich von ihren
gezähmten Tieren zu ernähren vermögen und denen auch
Jagd und Fischerei nicht mehr genügende Nahrung bieten.

Die Not erzwingt den Ackerbau, wie auch heute unter
den Steppenvölkern, den Kirghisen und anderen, der Ackerbau als eine Plage, eine Not betrachtet wird, als etwas,
wozu man sich nur ungern entschließt; und dadurch, daß
diese neue Beschäftigung dem Grund und Boden auch einen
neuen Wert verleiht, dadurch, daß die einzelne Familie sich
ihr eigenes Haus mit einem Stück Landes auszustatten sucht,
um davon zu leben, daß andererseits jede auf ihren Anteil am
Gemeindeland Anspruch erhebt und ihn fremden Ansiedlern,
Mietlingen der Häuptlinge streitig macht, — aus diesen und
verwandten Ursachen bildet sich zuerst ein Klassengegensatz
aus zwischen den Häuptlingen und den andern im Volke,
ein Klassengegensatz, der sich bis in die historische Zeit erstreckt. Diese Herdenbesitzer sind die Anfänge des Adels, die
Ackerbauer sind die Anfänge des Volkes, und das große
Gewicht, das der Besitzer der Herden immer noch behielt
durch den besonderen Wert, den einige Tiere gerade für den
Ackerbau gewonnen, gibt sich vielfach kund dadurch, daß eben
diese neue Gestaltung eine Quelle der direkten Abhängigkeit
dieser Ackerbauer von den Herren, den Häuptlingen und ihren
Familien wird, und die gewöhnlichste Form, in der diese
Abhängigkeit sich ausdrückt, entsteht durch das Verleihen von
Vieh, eine Form, die dem Namen des Feudalismus zu
Grunde liegt; denn das Feod, die Habe an Vieh, ist eben
das Verliehene, und die Spuren von einem solchem Verhältnisse finden sich auch in anderen Verfassungen, wo der Feudalismus noch keineswegs entwickelt ist, die vielmehr in
voller Clansverfassung leben, wie nach den Urkunden des
irischen Rechtes die ursprünglichen Einwohner jenes Landes.
Mit dem Ackerbau hat sich in der Regel erst die eigentliche
monogamische Familie herausgebildet, aus dem einfachen

Grunde, weil eben erst mit dem Ackerbau eine solche Einzel-
familienwirtschaft möglich wurde. Die Tendenz dazu, zur
Absonderung eines Paares mit seinen Kindern und etwa mit
seinen Knechten, ist sicherlich immer vorhanden, wo nicht
andere Kräfte ihr entgegenwirken, wie das allerdings auch
noch innerhalb des Ackerbaues im weitesten Umfange der
Fall ist. Es gibt auch innerhalb ackerbauender Völker die
ungeteilten Familien, Familien heißt das unter einem lebenden Oberhaupte als Brüder und Schwestern wohnend, jene
mit ihren Frauen, teilweise auch diese mit ihren Männern,
sofern die Weiber nicht ihren Familien entführt wurden. Dieses
Zusammenleben der Großfamilie unter einem Dache, wie es
noch in Indien und China der Fall ist, ist gleichsam das Ueberleben der Gens in einer kleineren Form, ihr Ueberleben in die
Zeit der Kultur, des Ackerbaues, hinein; auch die Griechen
und Römer treten mit dieser Familienform in die Geschichte
hinein. Es ist also eine solche einheitliche Familie verbunden
auch in der Regel durch gemeinsamen Kultus, verbunden,
wie es die englischen Rechtskundigen, die dieses in Indien
vorfanden, ausdrücken, in Nahrung, Gottesdienst und Besitz.
Diese ursprüngliche Familie bildet die Einheit einer Gemeinde:
die Dorfgemeinde ist die neue Gestaltung des socialen Lebens,
die sich erst durch den Ackerbau entwickelt. Die Dorfgemeinde
hat ebenso, wie eine alte Gens — zuweilen fallen diese
beiden Begriffe zusammen, in der Regel aber ist die Dorfgemeinde ein neuer, auf einem neuen Prinzip, dem der
Nachbarschaft, beruhender Verband — sie hat also ihr Territorium gemeinsam, und das ist ja ein Zustand, der in alle
Kulturzustände hinübergeht, der bis in unsere Tage sich in
seinen Ausläufern verfolgen läßt. Innerhalb der Dorfgemeinde existiert, so lange diese ungeteilte Familie vorhanden

ist, nur diese, und es gibt für diese ungeteilte Familie kein
erhebliches Privateigentum; sie ist eins in Bezug auf den
Grund und Boden, von dem ihr ein Loos zugewiesen wird;
und dieses nun ist die gewöhnliche Form, in der das Gemeineigentum zum Gebrauch überwiesen wird, wenn auch
nur für bestimmte Zeit des Jahres, die Verlosung des Äcker-
landes, die dann sich periodisch wiederholt.

Eine jüngere, verwandte Form, die aber schon eine
größere Selbständigkeit der einzelnen Familie zeigt, ist die
noch bei den Slaven sich vorfindende Hauskommunion, eine
Gemeinschaft von verbrüderten Familien, die unter einem
Dache zusammenwohnen, die aber nicht mehr unter einem
natürlichen Haupte stehen, sondern sich nur auf einen gemeinsamen Vorfahren zurückführen, Vorsteher aber und Vorsteherin
frei erwählen. Es ist dies ein Rest der gentilen Verfassung in
einer Form, in der sie sich noch schwerer zu erhalten vermag
innerhalb der Äckerbauzustände: denn es fehlt ja die patriarchalische Autorität. Die definitive Form aber ist die der
Einzelfamilie. Daher ist es, daß die alten Sagen auf einen
großen Gesetzgeber beides zurückführen: die Erfindung des
Äckerbaues oder des eisernen Pfluges und die Einsetzung der
Ehe in dem Sinne, in dem wir seitdem sie zu verstehen
gelernt haben. Das Eigentum, das außer dem Eigentum
an Grund und Boden und in gewissem Sinne älter als
dieses ist, das Eigentum an beweglichen Gütern, ist ja zugleich das, was, wie das Eigentum an Grund und Boden
mit der Entstehung von Dorfgemeinden, in besonderem Zusammenhange steht mit der Bildung von Städten. Da ist
dann, wie der Bauer allmählich Eigentümer seines Loses,
seiner Hufe, wird, so ist in den Städten der freie Handwerker,
der allmählich frei werdende Handwerker, der natürliche

Eigentümer seines Werkes, seines Arbeitsproduktes, und es
ließe sich ein Zustand denken, in dem diese Form des Einzel-
eigentums in gesonderten Familien, einerseits des Bauern,
wesentlich an Grund und Boden, anderseits des Handwerkers,
wesentlich am Produkte seiner Arbeit, die centrale Gestaltung
bildete einer socialen Verfassung. In Wirklichkeit aber zeigt
die Geschichte der Kultur dieses Bild nur gleichsam in einer
schattenhaften Ferne, und die Wirklichkeit stellt uns einerseits
einen Kampf dar um die Erringung eines solchen Zustandes,
anderseits eine unmittelbar durch die Tendenz zu seiner Ver-
wirklichung mitgeförderte Tendenz zu seiner Verneinung,
hauptsächlich durch eine neue besondere Gestaltung des Eigentums an beweglichen Gütern, durch jene Gestaltung, die aus
Verkehr, aus dem Handel erwächst, dadurch daß das Eigentum
an Gütern über den Gebrauch hinaus akkumuliert wird vermittelst eines allgemeinen Repräsentanten der Güter, des
Geldes, wie es sich darstellt in Gestalt von edlen Metallen
und endlich, durch die Verallgemeinerung dieses Begriffes, in
der Macht, die Geld sowohl als dessen Stellvertreter, der
Krebit, ausübt und die den Kapitalismus begründet. Das
freie Eigentum an einem Stücke des Grund und Bodens
oder am eigenen Arbeitsprodukt, das aus dem Bebauen des
Grund und Bodens hervorgeht, andererseits aber, abgelöst
davon, das Produkt der Kunst, dieses nimmt sehr bald eine
verwandelte Gestalt an als Gold oder anderes Metall.
Während es seiner Natur nach Zubehör des Lebens und der
Arbeit ist, so wird es als Geld und Privateigentum absolut
und wird wesentlich Mittel zu seiner eigenen unbeschränkten
Vermehrung. Diese Entwicklung ist aber ja an viele besondere
Bedingungen geknüpft, eben an das Wachstum der Städte,
an das Wachstum der Verkehrsmittel, der Industrie und der

die Industrie befördernden technischen Hilfsmittel, endlich der
Wissenschaft, die diese Hilfsmittel schafft. Ich kann Ihnen
nur in einem Umrisse diese Entwicklung bezeichnen, ich
will aber von vornherein durch diese Hinweisung ein Licht
werfen auf den großen Gegensatz, in den sich die Entwicklung
der letzten Jahrhunderte stellt in Bezug auf das Eigentum,
indem sie überall die Tendenz hat, das Eigentum zu befreien,
es aus den Banden des Gemeineigentums herauszulösen,
und dieses Gemeineigentum wiederum stellt sich ja nicht
allein in den kommunistischen Formen der Gemeinde dar,
wie es so typisch in der Dorfgemeinde ist, die noch ihre
Allmend behält, die gemeinsamen Wald und gemeinsame
Weide hat und die vielleicht, wie noch jetzt der russische Mir,
ihr Land periodisch neu austeilt, sondern neben dieser kommunistischen genossenschaftlichen Form, die in einer abge-
schwächten Gestalt als Stadtgemeinde und in jenen Arbeits-
genossenschaften, den Zünften, wiederkehrt, die selber auch
einen kommunistischen Charakter haben als Besitzer einer gemeinsamen Kunst und indem sie durch Regeln die Ausbildung
des Gelbeigentums hindern und hemmen, neben diesen genossenschaftlichen Formen geht die herrschaftliche Form, wie
sie das Erbe jener uralten Scheidung von Häuptlingen aus
dem Volke ist, diese Häuptlingschaft, als Macht verbunden,
ursprünglich und eben noch in die späteste Zeit hinein, mit
dem Besitz von Herden, besonders von Pferden als der
kostbarsten Viehart — es wird ja später für den Ritter
charakteristisch, daß er auch im Kriegsdienst zu Roße bleibt
— und dieser Herr, der ist in der historischen Verfassung
zugleich ein Herr, der noch von Anbeginn her uralte Rechte
der blutsverwandtschaftlichen Verbände geltend macht, auch
in der verwandelten Form, in der die Blutsverwandtschaft

sich auf ein Gebiet erstreckt, innerhalb dessen die Dorfgemeinde schon vorhanden ist. Da ist es die Verfügung, die solche größere, mehr und mehr in Vergessenheit geratene Verbände über das öde, unbebaute Land der Heide treffen, die zur Quelle einer neuen, vermehrten Macht der Chefs, der Fürsten und Ritter sich gestaltet. Denn hierin verkörpert sich leicht die Herrschaft über Menschen, die nun zunächst als Gefolge mit einem solchen Ritter auf Raub- und Kriegszüge ziehen, die dann zur Belohnung für geleistete Dienste auf solchem wüsten Lande angesiedelt werden. Diese Klasse der abhängigen, der direkt abhängigen Hörigen, wenn nicht gar Leibeigenen, stellt ein fortwährendes Kampfmittel dar, als Anhängsel jener ritterlichen Macht und dient nachher zur Herabdrückung der ursprünglich gemeinfreien Dorfbewohner. Zugleich aber pflegen jene Herren innerhalb des Territoriums, das sie als Chefs verwalten, regelmäßig im Besitze von Hufen in verschiedenen Dorfgemeinden zu sein. Sie haben einen zerstreuten Besitz. Dieser Besitz wird regelmäßig bebaut von Genossen der Dorfgemeinden, zumal seit die feudale Verfassung den Kriegsdienst auf die Ritterschaft beschränkt hat. Aber je mehr auch dieser Zustand abnimmt, je mehr überlegene, oberste Fürsten mit gemieteten Söldnern ihre Kriege zu führen anfangen, desto mehr erwacht in dem feudalen Ritter das Verlangen nach Konsolidierung und Vermehrung seiner Habe, so daß nun eben die Freiheit des Eigentumsrechtes, die unter dem Einfluß des Eigentumsrechtes an Mobilien sich mehr und mehr geltend macht, zunächst in einer für die Dorfgemeinde verhängnisvollen Weise zu gunsten der Ritter, der abligen Herren sich ausbreitet. Diese nämlich bestreben sich an Stelle des zerstreuten Besitzes einen arrondierten Besitz zu gewinnen, einen Großgrundbesitz, um ihr Herrenhaus herum, und diesen sind sie nach wie vor angewiesen durch die Frohnarbeit der Dorfgenossen bearbeiten zu lassen, sofern sie nicht ihre besonderen Knechte in hinlänglicher Menge angesiedelt haben. Aber sie haben eben darum das entschiedene Interesse, die Bauernschaft herabzudrücken und vermögen es insbesondere dadurch, daß sie ihre Rechte als absolute darstellen auch über das Land der Bauern, oder wenigstens daß ihnen gewohnheitsrechtlich zukommt, unter Umständen einen schlechten Wirt abzusetzen und verlassene Stellen neu zu besetzen, durch Ausübung dieser Rechte ist historisch in großem Umfange jenes Bauernlegen entstanden, das zum Untergang des Bauernstandes in vielen Gebieten geführt hat. So ist das große Grund-Eigentum entstanden, im Unterschiede von der Grund-Herrschaft, als eine Art des Kapitals nämlich, als Mittel zu grenzenlosem Einkommen und Genusse. Und es treten nun diese beiden Gestalten neben einander, der Großgrundbesitzer und der Kapitalist, in die jüngste Periode der Civilisation hinein, mehr und mehr als die eigentlichen Inhaber des Eigentums in seiner entscheidenden socialen Bedeutung. Allerdings streitet mit ihrem überwiegenden Einflusse die Tendenz zu einer Freiheit des kleinen Eigentums besonders an Grund und Boden, wo sich dieses hat entwickeln können, zum Teil durch politische Revolution wie in Frankreich, und zum Teil durch die Erbregel der gleichen Teilung. Es entspricht ja dieser Verteilung des Eigentums, mit Ueberwiegen der kapitalistischen Form, der gegenwärtige sociale Zustand, seine Probleme und seine Gefahren.

IV.

Ehe und Eigentum sind die Grundthatsachen des socialen Lebens, nämlich die hauptsächlichsten Grundthatsachen. Ich sage nicht die Grundlagen, diese denn sind biologischer und psychologischer Natur. Der Mensch will leben, wie alle andern Tiere: das ist das allgemeine. Er will aber auch menschlich leben: das ist das besondere; das heißt er will nach seinem Geschmacke, nach seinem Gemüte, nach seinen Ideen leben, und das ist nur möglich durch die Teilnahme an vernünftigen Institutionen. Es ist daher ein achtungswürdiges und günstiges Merkmal für die moderne Arbeiterbewegung, daß sie auf ein „menschenwürdiges" Dasein hinarbeitet. Wir könnten statt Grundthatsachen auch sagen Grundinstitutionen des socialen Lebens; denn denn das ist eben das Charakteristische des socialen Lebens, daß seine Grundthatsachen Institutionen sind, d. h. Produkte des menschlichen Willens und Denkens. Ich habe Ihnen nun, zwar nur auf unvollkommene und lückenhafte Art, dargestellt, wie sich die individuelle Ehe und das individuelle Eigentum losgelöst haben von allen ursprünglichen Bedingungen; und daß dies ein natürlicher und wesentlicher Prozeß gewesen ist, der mit der Entwicklung der Persönlichkeit selber zusammenhängt, das liegt auf der Hand. In der That könnte man anstatt der Formel Ehe und Eigentum auch die Formel Person und Eigentum setzen; denn die menschliche Person ist eine männ-

liche und eine weibliche, und ihre Verbindung, durch die
Natur geboten, ist ja in rechtlicher Form die Ehe, so daß
die Ehe nur die Vollendung der Person bedeutet. Wenn
nun aber so die Freiheit, und das ist derselbe Begriff mit
dem des Individualismus, gleichsam das letzte Wort, das
Ziel der Entwicklung in diesem Sinne zu sein scheint und
das eigentliche Ideal der Gedankenbewegung und -Entwick-
lung, wie sie besonders durch das vorige, aber auch durch
das gegenwärtige Jahrhundert hindurch gegangen ist, so ist
anderseits bekannt, und auch in dieser unserer Beleuchtung
tritt es hervor, wie die Thatsachen in Bezug auf dieses Ideal
sich verschieden darstellen, wie eben durch die Klassenscheidung
der Gesellschaft die freie Ehe und das freie Eigentum etwas
völlig verschiedenes ist. Es gibt, auf den Höhen und in den
Tiefen der heutigen Gesellschaft Ehe und Eigentum, aber in
ganz verschiedenem Sinne und in ganz verschiedenem Verhältnisse zu einander. Ich habe dies in Bezug auf die Ehe
schon angedeutet, ich komme darauf zurück, indem ich eben
wiederhole, daß das Muttertum für das Proletariat wieder
sich als der eigentliche Kern der Ehe darstellt, während die
durch den Vater bedingte Ehe ganz eigentlich an das Eigentum geknüpft ist und daher um so schärfer sich darstellt, je
mehr wir den Höhen der Gesellschaft uns nähern. Man
kann auch sagen, daß, indem die Ehe wieder wesentlich aus
dem Gebiete der Mutter hervorgeht, der ursprüngliche Natur-
sinn der Monogamie wieder zum Ausdruck gelangt, während
eben die patriarchalische Familie, wie ich gesagt habe, polygynisch ist, und in dieser Entwicklung die Beschränkung des
Mannes auf eine Frau aus wesentlich ökonomischen Ursachen
erfolgt, wie es noch jetzt überall im Orient, im Gebiete des
Islam, wo die Polygamie gesetzlich und religiös erlaubt ist,

sich als die einfache Thatsache darstellt. Die Vielweiberei ist ein Privileg der Besitzenden und in einigem Maße bleibt ja dieser Zustand auch da erhalten, wo die Monogamie gesetzlich allein zulässig ist. Es ist bekannt, daß auch unter uns ein großer Teil der verheirateten, wie ein noch größerer der unverheirateten, Männer polygamisch zu leben pflegt in den höheren Klassen und gerade in den höchsten Schichten am meisten. Es pflegt ja diese ganze Sache in unserm Jahrhundert mit Scheu und einer gewissen Scham, will ich sagen, verschleiert zu werden, während es ja bekanntlich in früheren Jahrhunderten mehr oder weniger ein anerkanntes Privileg der Fürsten war, viele Frauen zu haben, und den Fürsten nähern sich die am meisten Besitzenden in diesem Privileg, wie in ihrer ganzen Lebensweise. Es ist auch übrigens, um diesen Zusammenhang noch mit einem Strich zu vollenden, die erleichterte Ehescheidung für die große Masse des Volkes, also für das Proletariat, in der Regel am dringendsten im Interesse der Frau, so wie eben die Eheschließung. So viel schwerer die Folgen der Trennung für die Frau auch sind in ökonomischer Hinsicht, so ist doch der Fall der männlichen Untreue und Mißhandlung so viel häufiger als der entgegengesetzte, daß es kein Wunder ist, daß die Klagen der Frau viel zahlreicher sind als die der Männer. Z. B. in Berlin in einem der letzten Jahre wurden Ehen geschieden auf Klage des Mannes, wegen Ehebruchs, böslicher Verlassung, Mißhandlung oder Beleidigung abseiten der Frau, in 193 Fällen, auf Klage der Frau aus denselben Gründen in 323 Fällen, im Königreich Sachsen wurden 42 Procent auf Klage der Männer geschieden und 58 Procent auf Klage der Frauen, in Frankreich war das Verhältnis sogar 10 Procent auf 90 Procent (nach älteren Angaben).

So ist es denn auch natürlich, daß die Angelegenheit der außer der Ehe geborenen Kinder so wesentlich aus dem Proletariate stammt und von den Vertretern des Proletariates zu ihrer Sache gemacht zu werden pflegt, während im Gegenteil das ganze Interesse der besitzenden Klasse sich dagegen wehrt, in irgend einer Weise uneheliche Kinder ehelichen gleichgestellt zu sehen. Zwischen beiden Gattungen von Kindern stehen die Frauen der besitzenden Klassen, die keine unehelichen Kinder haben, oder, wenn sie solche haben, so sind sie eben beklassiert. Die Männer haben wohl uneheliche Kinder. Im Proletariate ist es umgekehrt die Frau, die uneheliche Kinder hat und der Vater ist bei weitem nicht immer ein Proletarier. Es stellt sich eben die Ehe als Institution dar, die in dieser Beziehung thatsächlich, wenn auch keineswegs rechtlich, strenge Klassenscheidung zur Voraussetzung hat. In der That ist nun aber die moderne Freiheit der Person und der Ehe und des Eigentums in Wirklichkeit nicht eine Freiheit derart, daß sie nicht in höchst mannigfacher Weise bedingt wäre, gesellschaftlich bedingt, d. h. durch Komplikationen des Lebens bedingt, wie denn ja eben für die große Menge des Volkes es bekannt ist, daß die persönliche Freiheit ohne produktives Eigentum nur den Zwang bedeutet, ihre Arbeitskraft zu verkaufen und zwar zu Preisen, die vom Käufer gesetzt werden. Besonders aber steht über all dieser Freiheit, dieser größten Errungenschaft, die sich in Wirklichkeit so verschieden darstellt, der Staat. Der Staat und das persönlich freie Individuum sind die beiden wirksamsten Faktoren des modernen Lebens. Was ist der Staat?

Ich habe schon im Eingange der ersten Vorlesung einen Blick voraus in dieses Problem geworfen, indem ich eben in Bezug auf den Staat die organische Theorie bekämpfte. In

Wahrheit halte ich die Theorie, die den Staat aus der Gesellschaft ableitet, vermittelst eines socialen Kontraktes, für die
angemessenste, diejenige, die am richtigsten den Thatsachen
entspricht, und sie ist auch zugleich mit dem Werden des
modernen Staates aufgekommen, und zwar ist sie anfangs
in feudalistischer Form aufgekommen. Der Staat, nämlich
der moderne Staat stellt sich außerhalb der Städte, die
gleichsam noch eine sichtbare Einheit darstellen, auch gewissermaßen eine organische Einheit, der Staat stellt außerhalb und oberhalb der Landschaften und freien Städte des
Mittelalters wesentlich sich dar als eine Art von Hoheitsrecht
der Fürsten, und die Theorie hat immer, in jener Zeit der
großen Wandlung des 16. Jahrhunderts besonders, den Staat
entwickelt aus einem Vertrage, als dessen eines Subjekt der
Fürst begriffen wurde, als dessen anderes Subjekt aber nicht
etwa eine Summe von freien Individuen, sondern geschlossene
Körperschaften, die Stände gedacht wurden. Die Stände
waren sozusagen die letzten Formen der früheren Verfassungen,
einmal der Verfassung als feudalistischer, dargestellt durch den
Adel, anderseits der Verfassung als einer religiös-kirchlich-
theokratisch bedingten, dargestellt durch den geistlichen Stand
und endlich durch das Volk, insbesondere durch das Bürgertum; nicht etwa Bauertum, denn das Bauertum wurde in
der Regel als von seinen feudalen Herren dargestellt begriffen,
sondern Bürgertum ist der dritte Stand. Diese Stände aber
sind ja im Laufe dieser Jahrhunderte zermalmt, die Privi-
legien der beiden herrschenden Stände sind aufgelöst worden.
Am meisten charakteristisch konstituiert sich die Nation in der
Assemblée constituante, die Nation als etwas außerhalb
und oberhalb der Stände sich darstellendes, das sich äußerlich
kundgibt als Verallgemeinerung des dritten Standes. Die

beiden andern negiert er, er wollte sein und behauptet sich als einziger Stand, wie das in so packender Weise Siöyes gesagt hat: Was ist der dritte Stand? Nichts; denn er ist kein herrschender Stand. Was wird er sein? Alles, denn er ist der einzige Stand. Dies war die Theorie, die Theorie, die im guten Glauben gefaßt wurde. Die Theorie wurde nicht damals gefaßt, sondern sie lag bei den Staatsrechts= lehrern zu Grunde, die im 18. Jahrhundert in freier Weise gelehrt hatten den Staat zu verstehen, als der feudalistischen Systematik entgegengesetzt, und zuletzt war es Rousseau, der lehrte, daß der Staat auf dem socialen Kontrakte, d. h. auf dem Kontrakte aller Individuen bestehe, die sich zu einer Nation zusammenfinden. Dies ist die Idee geblieben, d. h. soweit eben nicht die ganze Konstitution des Staates von unten herauf negiert wird, wie das in der That nicht allein durch das Wiederaufleben der feudalen Tendenzen, sondern unter ihrem Einflusse auch in der Wissenschaft, die sonst liberale Tendenzen befolgt, geschehen ist. Diese Theorie ist aber nicht eine Theorie, die in der Luft schwebt, sondern sie wurzelt in der Wirklichkeit, und auf die Frage: Was ist der Staat? kann man die exakteste Antwort nur geben dahin: Der Staat ist das, was seine Bürger wollen, daß er sei, das, als was er gedacht wird; denn er ist seiner Natur nach ein pures Gedankending, auch wenn er als Gedanken= ding von übersinnlicher Art gefaßt wird, wie diese Theorie noch überlebt in allen theologischen Betrachtungen, z. B. der Monarchie, oder aber, wie es von Rechtslehrern geschieht, als ein organisches Wesen nach Art der blutsverwandtschaft= lichen Verbindungen, als die organisierte Nation, in welchem Begriffe sich eine unklare Art der Empfindung und des Denkens ausprägt.

Der Staat ist also in Wirklichkeit wesentlich das, als
was die Verfassung den Willen abbildet, der sich als Staat
ausprägt und mitteilt; daher ist der wirkliche Staat seiner
Form nach zumeist gemischter Natur. Er ist wenigstens in
den Hauptländern Europas noch heute in den Verfassungen
nicht anerkannt als wesentlich von dem Volke oder der Gesellschaft ausgehend, sondern soweit es monarchische Verfassungen gibt, so weit es durch Erbrecht begründete zweite
Kammern gibt, trägt er noch die Spuren jener andern
Denkungsarten an sich; nur insofern er durch gewählte
Volksvertretungen konstituiert wird, was in den meisten
Ländern den entscheidenden Ausschlag gibt, z. B. in England,
welches ein demokratischer Staat seiner materiellen Verfassung
nach ist, während die formelle Verfassung Englands überwiegend noch feudal und theokratisch zugleich ist. In andern
Staaten wieder sind andere Elemente überwiegend, so daß
die Konstitution mehr einen schönen Schein darstellt, freilich
nun aber nicht mehr in dem Gedanken der überwiegenden
großen Menge der Nation, denn diese hält nur noch
die eigentliche Bethätigung des Staates durch eine er-
wählte Vertretung für die allein normale, und da steht
nun mitten zwischen diesem Kampfe der alten und neuen
Mächte und Ideen die jüngste Entwicklung, nämlich in der
Frage: Welche Klasse (sofern diese beiden geschieden sind, so
weit die besitzende Klasse nicht mehr allein die mächtige ist,
sondern die nichtbesitzende Klasse zum Bewußtsein ihrer staats-
bürgerlichen Rechte gelangt ist), konstituiert die eine Klasse
wesentlich den Staat oder die andere? Oder ist es möglich,
den Staat als beruhend auf einem Kontrakt der Gesamtheit aller dieser Individuen, die in Klassen geschieden sind,
zu begreifen? Und diese Frage, die wir, was die Thatsache

— 46 —

des eigentlichen modernen Staates angeht, nur in dem Sinne
beantworten können, daß der moderne Staat und seine Regierung wesentlich bedingt wird durch die solidarische Gesamtheit der besitzenden Klasse, könnte doch des Begriffes halber
auch in einem andern Sinne beantwortet werden, und dieser
Gegensatz stellt sich nicht allein in dem Sinne dar, daß die
eine Klasse nur ihr Interesse durch den Staat vertreten haben
will, die andere das ihrige, wo dann beide korrigiert werden
müßten durch den Hinweis auf das gemeinsame, daß sie
denn doch in irgend einer Weise mit einander leben wollen
und also sich einen gemeinsamen Willen im Staate beschaffen
müßten, sondern in viel charakteristischerer und reinerer Weise
stellt sich dieser Gegensatz dar in dem Gegensatze, von dem
ich ausgegangen bin, in der Beziehung auf jene beiden
Grundthatsachen des socialen Lebens. Sofern nämlich die
allgemeine Theorie immer einfach, durch die Thatsachen ge-
nötigt, dahin gegangen ist: Der Staat wird eingesetzt zum
Schutze von Person und Eigentum, und Person und Eigentum treten in den Staat ein — so wird sich das Verhältnis
der besitzenden Klasse zum Staate notwendigerweise darstellen
in der entschiedensten Betonung des Eigentumsschutzes. Der
Staat stellt sich hier dar als wesentlich bestehend zum Schutze
des Eigentums, während ebenso natürlich der Wille der be-
sitzlosen Klasse sich darstellen wird als Anforderung an den
Staat zum Schutze der Person, und hier eben tritt wieder
dieser wesentliche Ausdruck der Person in ihrer Zwiefachheit
als Ehe in sein Recht, indem ja eben das uneheliche Kind
sich gleichsam als die reinste Person darstellt, die Person
außerhalb der normalen Familie, die ohne Mutter notwendigerweise, allzu oft auch mit der Mutter, schutzlose Person. Ich brauche aber nur noch anhangsweise auf die Be-

beutung des Schutzes der Person in der Arbeiterfrage hin-
zuweisen, daß es bei dem ganzen Arbeiterschutze sich wesentlich
handelt um Schutz der Person und des Familienlebens.
Das Familienleben der Arbeiterklasse muß sich anklammern
an den Staat, um sich zu retten, weil es durch die gesell-
schaftliche Verfassung mit dem Ruine bedroht ist.

Um zu erkennen, wie sehr die Person, resp. Ehe oder
Familie, denn das ist alles nur Entwicklung einer und derselben Idee, und Eigentum im modernen Staate das wesentliche Objekt ausmacht, auch hier als zwiefache Grundthatsache
sich darstellt, braucht man nur ein modernes bürgerliches
Gesetzbuch aufzuschlagen und seine Einteilung zu betrachten,
z. B. das neue deutsche bürgerliche Gesetzbuch. Das zweite
Buch ist betitelt: Recht der Schuldverhältnisse. Bei diesen
handelt es sich natürlich nicht darum, daß Verwandte sich
einander Rücksichten u. dgl. schuldig sind, sondern um Geld-
schulden, um Eigentum, so daß das dritte Buch, welches
das Sachenrecht enthält, nur gleichsam im festen Zustande
darstellt, was jenes im flüssigen Zustande betrachtete; dann
folgt das vierte Buch als Familienrecht, wo es sich um die
besonderen, gleichsam exceptionellen Bedingungen handelt, die
durch das Eheverhältnis den Rechten am Eigentum gegeben
werden, und das fünfte Buch als Erbrecht. Das ist der
eigentliche Zielpunkt, das, wo der Ring sich schließt; das
Familienrecht mündet wieder in das Sachenrecht ein. Das
Erbrecht kann in der That nach der Konstitution der modernen Gesellschaft als Einheit von Ehe und Eigentum begriffen werden, und es stellt sich gerade hier, wo also ganz
in überwiegender Weise das Interesse der besitzenden Klasse
in Frage kommt, der Staat recht eigentlich als Vollstrecker
des Willens und Interesses der besitzenden Klasse dar, inso-

fern er da eintritt, wo das Individuum nicht mehr selber
für seine Sache, sein Eigentum einstehen kann, wo also der
Staat Vollstrecker des Willens des Verstorbenen, des Erblassers, ist, sei es seines ausgesprochenen, testierten Willens
oder des unausgesprochenen, präsumierten Willens, vermittelst
Intestaterbrechts. Es ist ja sehr merkwürdig und zeigt zugleich gleichsam den schwächsten Punkt des Staates, wo wir
bemerken, wie der Staat im bürgerlichen Rechte gleichsam
als eine unbedingte Notwendigkeit ansieht, daß ein Vermögen,
über das der Erblasser nicht verfügt hat, doch an den Mann
komme, wie die Erben gesucht werden in der Verwandtschaft,
wie in diesem Punkte etwas wieder auflebt, was der ur-
ältesten Zeit angehört, was sonst durchaus gar nicht mehr
vorhanden ist, nämlich die kollaterale Verwandtschaft. Es
ist geradezu ein Paradoxon und eine Anomalie innerhalb
des bürgerlichen Gesetzbuches, diese Rechte der entfernten
Verwandten auf ein Erbteil, diese Rechte, denen in keiner
Weise, wie die Idee sonst festgehalten wird, irgend welche
Pflichten entsprechen; Rechte auf das Eigentum, nur damit
das Privateigentum bleibe, wonach das Privateigentum zu
erhalten also der Zweck der socialen Verbindung ist. Es ist
daher sehr merkwürdig, wie doch an diesem Punkte die
Tendenz auflopst, diese Vererbung des Intestaterbrechtes auf
die Seitenlinien einzuschränken. Diese Tendenz hat sogar
in der Kommission, der Juristenkommission, die das neue
deutsche bürgerliche Gesetzbuch bearbeitete, angeklopft. Die
Entwürfe, der erste Entwurf und der zweite Entwurf haben
eine Verwandtschaft von der 1. bis zur 5. Ordnung konstituiert. Die erste Ordnung ist natürlich die der Descendenten,
der normale Fall, die zweite Ordnung ist die der Ascen-
denten und der Geschwister und deren Abkömmlinge. Die

dritte Ordnung sind die Großeltern und deren Abkömmlinge, also unsere Oheime, Tanten, Vettern und Basen. Dann kommt die vierte Ordnung, die Urgroßeltern und deren Abkömmlinge. Welcher normale Mensch weiß etwas von den Abkömmlingen seiner Urgroßeltern? Das sind Leute, die in der Regel in ganz anderen Lebenssphären sich bewegen, mit denen man in der Regel in ganz fremden Verhältnissen steht. Die Mehrheit der zweiten Kommission des Gesetzbuches beschloß in der That, und hat es nachher als eine bedeutende That empfunden, bei dieser Parentel, der vierten Ordnung, stehen zu bleiben. Erwogen wurde da, innerhalb der vierten Parentel, das sind also die Abkömmlinge der Urgroßeltern, sei auch in der gegenwärtigen Zeit das Gefühl der Blutsverwandtschaft keineswegs in dem Maße verschwunden, wie der laut gewordene Vorschlag, schon vor dieser das Erbrecht abzuschneiden, unterstelle; es sei nicht unbedingt richtig, daß Verbesserungen und Ausdehnungen der Kommunikationsmittel auf den Zusammenhalt der „Familie" im weiteren Sinne störend und zersetzend eingewirkt h ¡beu. Wie die Verbesserung der Kommunikationsmittel einerseits die Möglichkeit biete, die Familienangehörigen schneller auseinander zu bringen, so habe sie andererseits zur Folge, daß die Familienangehörigen sich nach einer vorausgegangenen Trennung schneller und leichter wieder zusammenfinden. (Also nachdem wir uns von unseren Vettern und Cousinen von Urgroßvaters wegen mit Schmerzen haben trennen müssen, führt uns glücklicherweise die Eisenbahn leicht wieder zusammen. Offenbar haben die vornehmen Juristen an die Familientage der sogenannten Adlichen gedacht!) Man müsse b e s w e g e n bei einer etwaigen Beschränkung des gesetzlichen Erbrechts gegenüber dem geltenden Rechte vorsichtig zu Werke gehen, wenn man sich nicht

mit wohlbegründeten Traditionen in Widerspruch setzen und
den Vorwurf auf sich laden wolle, daß man die sittliche
und sociale Bedeutung der Blutsverwandtschaft,
welche als solche ein Erbrecht begründe, im Gegensatz zu der
Volksüberzeugung verkannt habe.*)

Nun darf ich wohl hinzufügen, daß die Kommission des
. Reichstags, die den zweiten Entwurf des bürgerlichen
Gesetzbuches verbessern sollte, auch in diesem Punkte einge-
griffen hat. Sie hat also die Juristen korrigiert und zwar
ist jene erhabene Einschränkung, zu der die Kommission der
Juristen sich entschlossen hatte, daß sie die Abkömmlinge der
Ururgroßeltern als gesetzliche Erben ausschlossen, aufgehoben worden. Es heißt in dem Texte, den der Reichstag
angenommen hat (§ 1069): „Die Erben der 5. Ordnung
und der höheren Ordnungen sind die entfernteren Vor-
eltern des Erblassers und deren Descendenten.“ Also
Erbschaft ohne Grenzen!

So soll es gültiges Recht für das Deutsche Reich zu
Anfang des XX. Jahrhunderts werden.

Ob es auch gültiges Recht am Ende des XX. Jahrhunderts sein wird?

_____

*) Sehr charakteristisch ist auch der Zusatz: „Die Vorschläge
der Bundesregierungen . . . wichen von einander ab. Bedenke
man aber, daß von keiner Regierung beantragt sei, die gesetzliche Erbfolgeordnung mit der 3. Linie abzuschließen, so erschiene
es zum mindesten gewagt, wenn der Gesetzgeber bereits den Verwandten der 4. Linie ein gesetzliches Erbrecht versage.“ Ehemals
nahmen die Herren Juristen für sich selber in Anspruch, Inter-
preten der Rechtsüberzeugung des Volkes zu sein. Es scheint, daß
sie jetzt diese Funktion auf die Ministerien übertragen haben.

———※———

V.

Die seltsamsten Kontraste zu jener Hinweisung, die ich zitiert habe aus einem Kommissionsberichte, auf die sociale Bedeutung der Blutsverwandtschaft, die das Erbrecht in entfernten Graden begründen soll, gibt die Art, wie dieselbe Kommission einen Antrag abgelehnt hat, der dahin gieng, daß unehelichen Kindern ein Sechstel des Erbes zuerteilt werden solle, wenn die Vaterschaft specifisch anerkannt ist und wenn keine ehelichen Kinder vorhanden sind, wie denn in mehreren modernen Rechten ein solches Intestaterbrecht der unehelichen Kinder vorkommt. Die Kommission lehnte den Gedanken eines solchen Erbrechtes ab „indem sie annahm, daß das Erbrecht nicht auf der Blutsverwandt= schaft, sondern auf der Familie beruhe". Im Familiensinne aber gilt das uneheliche Kind mit seinem Vater als nicht verwandt — ja es hat sogar im Entwurfe gestanden: „Es ist nicht verwandt", wie ich von einem Rechtsgelehrten, der meiner verehrten Zuhörerschaft angehört, vernehme. Und doch liegt eine Abweichung von der Blutsverwandtschaft als Erbregel schon in dem Satze vor, der in dasselbe bürgerliche Gesetzbuch Aufnahme gefunden hat, daß die Ehefrau mit erb= berechtigt ist, wenn auch nur zu einem Viertel. In Wahr= heit ruht das Intestaterbrecht, wie es jetzt besteht, in viel höherem Grade als auf der Idee der Blutsverwandtschaft oder gar der „erweiterten Familie", auf einer rein äußer=

lichen Zweckmäßigkeit. Es wird wesentlich seine Begründung
darin haben, daß das Privateigentum erhalten werden soll,
und es erscheinen eben da die Verwandten als die nächsten,
die darauf Anspruch haben — dem Herkommen gemäß, aber
in innerem Widerspruch zu dem ganzen Geiste des modernen
Rechtes. Ich will noch bemerken, daß doch in manchen
andern modernen Rechten, z. B. im Privatrecht des Kan-
tons Zürich die Beschränkung des Intestaterbrechtes schon
mit dem dritten Grade so stattfindet, daß die Nachkommen der Urgroßeltern nicht mehr berechtigt sind. Mit den
Kritiken, die an dieses Erbrecht sich heften, hängen die
neuen Gesetze oder Gesetzesvorschläge von Erbschaftssteuer
oder Ausdehnung derselben, zusammen. In einer Abhand-
lung, die den Durchschnitt der kurrenten Denkungsart hier-
über wiedergeben dürfte und die sich aus Zweckmäßigkeits-
gründen für eine ausgedehnte Erbschaftssteuer ausspricht,
heißt es aber doch, daß diese keineswegs begründet werden
solle auf ein „staatliches Erbrecht". (Ich meine hier den Artikel über den Gegenstand in Conrads „Handwörterbuch der
Staatswissenschaften".) Es heißt überhaupt, ein solches sei
an und für sich unmöglich, privatrechtlich unmöglich;
denn das Privaterbrecht beruhe einzig und allein auf Blutverwandtschaft und der Staat sei kein Blutverwandter; ein
Staatserbrecht auf öffentlich-rechtlicher Grundlage
würde aber keine andere Bedeutung haben, als die einer
einfachen Konfiskation. Ich glaube in der That, daß ein
Erbrecht des Staates sich nicht wohl begründen läßt und
daß dies auch keineswegs notwendig ist. Etwas anderes
wird es aber doch, wenn sich als unter allen Umständen erbberechtigt ein anderes Subjekt konstruieren ließe, ein Subjekt,
das etwa dem Begriffe der Nation entspräche. Es ist ja

ein Hauptsatz des modernen bürgerlichen Bewußtseins, daß eine Nation ein einheitliches Volk von Brüdern sei oder sein solle, und die Vaterlandsliebe wird so sehr für eine wesentliche Fundierung des modernen Zusammenlebens gehalten, daß man, wenn mit Recht die Blutsverwandtschaft des Staates geleugnet wird, eine Art von Familiencharakter der Nation nicht wohl wird leugnen können. Ich kann mir nun denken, daß man auch aus praktischen Gründen ausdrücklich ablehnen würde, den Fiskus zu bereichern aus Erbschaft. Der Fiskus ist an und für sich nicht populär, und es würde ihm dies Erbrecht Einnahmen zuführen, für deren Verwendung er zwar verantwortlich wäre, die aber in der Regel, besonders in Militärstaaten, eine sehr einseitige Verwendung finden würden. Etwas anderes wäre es, wenn die Nation als erbberechtigt betrachtet würde und aus Nationalerbschaften ein nationaler Fonds für ganz besondere Zwecke, die wiederum ihrerseits der Idee der Familie und der Blutverwandschaft zu Gute kämen, errichtet würde. Nun würde zwar kein großer Erfolg zu erwarten sein, wenn es sich auch durchsetzen ließe, daß etwa zum mindesten eine Beschränkung des Intestaterbrechtes, wie sie im K. Zürich herrscht, erreicht würde. Es müßte schon die Konsequenz gezogen werden, daß diesem nationalen Fonds ein regelmäßiges Miterbrecht, ein Pflichtteil am Erbe zukäme, ein Pflichtteil, das auch nicht durch Testament umgestoßen werden könnte, und für diesen Gedanken kann ich mich auf eine Autorität berufen, die über allen Verdacht des Socialismus oder Communismus, mit dem man sonst solche Gedanken gern in Verbindung bringt, erhaben ist. Es ist zufällig der Schriftsteller ein Schweizer, der weitberühmte Bluntschli, ein Mann, der durchaus in den Ideen des Liberalismus sich

fein Leben lang bewegt hat. Er jagt in dem betreffenden
Artikel des von ihm herausgegebenen Staatswörterbuchs:
„Der wahre Grund alles natürlichen Erbrechtes ist doch die
Gemeinschaft, welche den Erblasser und die Erben mit einander verbindet, der Zusammenhang des Blutes und der
Pietät, der Sitte und der Kultur, mit einem Worte die
Gemeinschaft und die Fortbauer der Rasse. Nun gibt es
aber verschiedene Kreise solcher Rassegemeinschaft. Der Einzelne ist ein Kind seiner Eltern, aber er ist auch ein Kind
seiner Gemeinde oder seines Vaterlandes. Damit
das Erbrecht der Gesamtheit als Eigentumsreform
wirke, muß es 1. mit dem Erbrechte der Sippen in Kon-
kurrenz treten, 2. durch die Lehre des Pflichtteils gegen
zerstörende letztwillige Verfügungen geschützt sein; und es
muß 3. das dem Staate angefallene Erbgut nicht zu
öffentlichen Verwendungen benutzt, sondern zu neuen Ver-
leihungen an Privatpersonen, vorzüglich zu privatrechtlicher
Ausstattung der dürftigen Familien benutzt werden".

Sie sehen hier, wie bei diesem anerkannt liberalen
Staatsrechtslehrer ein Gedanke auftritt, der in unserer Zeit
als eine der kühnsten socialen Reformen angesehen wird,
wenn er milde beurteilt wird, sonst als Umsturz u. dgl. Ich
kann natürlich auf die Ausführung einer solchen Idee hier
nicht eingehen. Ich möchte nur noch ein weiteres angedeutet
haben, was das Eigentum überhaupt betrifft. Dem ererbten
Eigentum steht ja das erworbene Eigentum gegenüber, und
man kann sagen, daß sich dieses einer höheren Gunst erfreut
als das ererbte Eigentum. Es hängt das logisch zusammen
mit der gesamten rationalen Richtung unseres Denkens, die
überall notwendigen und natürlichen Zusammenhang sucht.
Es erscheint das ererbte Eigentum als ein zufälliges. Es

hat keinen Grund in der Beschaffenheit der Persönlichkeit. Dagegen das erworbene Eigentum erscheint als ein natür- liches und notwendiges und also vernünftiges, indem eben es aus der Thätigkeit der Person entsprungen ist. Social- historisch hängt nun freilich diese Ideenrichtung selber aufs innigste zusammen mit der gesamten modernen Entwicklung, insofern sie eben mehr und mehr eine individualistische, mehr und mehr eine Entwicklung des Handels und der Industrie geworden ist. Das kann ich hier nicht des näheren erörtern und will nur noch ausführen, daß die Begründung auf eigene Thätigkeit wiederum ihre specielle Gestalt nur empfängt, wenn diese Thätigkeit als Arbeit bestimmt wird, und die alte liberale Theorie, welche die englischen Philosophen ver- treten, begründet ausdrücklich alles Eigentum auf Arbeit, und heute wird sicherlich diese Bestimmung für die ratio- nellste gehalten werden müssen. Es knüpft sich eben an die Idee der Arbeit die Idee des verdienten Eigentums. Es bildet sich also ein rein moralischer Begriff da hinein. Daher ist denn auch heute allgemein die Neigung vor- handen, das Erwerben von Eigentum, die Erwerbsart, als eine Arbeit zu befinieren, als Arbeit zu bestimmen. Es hängt nun wiederum diese rechtsphilosophische Ansicht und Tendenz der Begründung des Eigentums durch Arbeit in einer leicht ersichtlichen Weise zusammen mit jener ökonomisch-philoso- phischen Ableitung des Wertes der produzierten Waren aus Arbeit. Was in der heutigen Wirtschaft geschaffen wird, ist eben wesentlich Wert, das heißt Tauschwert. Die ganze Wirtschaft ist Verkehrswirtschaft, ist also auf den Tausch zugeschnitten.

Es liegt dem Produzenten einer Sache nicht an den Eigenschaften, die für seinen Gebrauch sie tauglich machen,

sondern an ihren Eigenschaften als Werte, und nun behaupten die, die diese Theorie in die Welt gesetzt haben:
„Arbeit allein schafft Wert", und bekanntlich ist durch die
neue Marx'sche Theorie der Satz aufgestellt worden, die
notwendige Arbeitszeit sei das Maß des Tauschwertes. Aus
dieser letzteren Lehre aber ist gewöhnlich die Meinung gezogen
worden, daß sie selber einen moralischen oder rechtsphiloso-
phischen Sinn habe, daß sie eben sagen wolle: Die Kapitalisten haben kein natürliches Recht an dem Werte, den in
Wirklichkeit die Arbeiter herstellen. Das ist nun allerdings
nicht die Meinung jenes Autors gewesen, aber es findet
gleichwohl die Kontroverse statt, es tauchen immer von neuem
die Versuche auf, den Anteil des Kapitalisten an der Produktion als wesentlichen Arbeitsanteil zu bestimmen, ihn der
geistigen Arbeit, die bei der Produktion gethan wird, gleich-
zusetzen oder daraus abzuleiten. Gelingen kann das auf keine
Weise. Schon Adam Smith hat diesen Gedanken widerlegt
durch die Hinweisung darauf, daß ja der Profit in keinem
Falle im Verhältnis zur eingesetzten Arbeit stehe, sondern
im geraden Verhältnis zu der Menge des eingesetzten Kapitals
stehe und seitdem in einer immer mächtiger gewordenen Wirklichkeit wird auf das schlagendste diese Idee widerlegt durch
das Dasein von Aktiengesellschaften, wo die Gestalt des Unter-
nehmers zugleich kollektiv und anonym wird und völlig zu-
rücktritt und der Bezug des Unternehmergewinns ganz gleich-
steht dem Bezuge von Zins — daß aber Zins oder Rente
arbeitloser Gewinn sei, das wird in einem viel weiteren Kreise zugegeben. Anderseits muß ohne Zweifel eingeräumt werden, daß von einem großen Teile von Unter-
nehmern ein ganz erheblicher Teil geistiger Arbeit geleistet
wird, der für die Produktion wesentlich ist. Das ist aber

eine ganz andere Frage. Es handelt sich hier darum, wodurch der Unternehmergewinn im wesentlichen seiner Größe
nach bestimmt wird. Ich sage nun: daß Zins und Renten
ein arbeitloses Einkommen seien, wird in viel weiterem
Umfange zugestanden und diese Einkommensarten werden
dann auf andere Weise mehr entschuldbigt als begründet.
Ober aber es erhebt sich auch außerhalb der durch die kapi-
talistische Produktion getroffenen Arbeiterkreise eine Opposition
gegen jene Einkommensarten, wie sie bei den Bestrebungen
auf Reform des Rechtes an Grund und Boden stattfindet,
wo eine Wirkung der Konjunktur, die Steigerung des Wertes
des Grund und Bodens ausdrücklich mit einem typischen
Worte als unverdienter Zuwachs (unearned increment)
bezeichnet wird. Und jedenfalls kann man wohl sagen, daß
es unter dem Drucke der gegenwärtigen Zustände allmählich
als ein Grundsatz der öffentlichen Meinung, soweit diese eine
ethische Meinung ist oder werden will, sich herausbilbet, daß
Eigentum wesentlich auf eigener Arbeit begründet sein müsse,
daß das Eigentum, das sich von Arbeit ableite, n o r m a l
sei, im Gegensatze nicht nur zu allem ererbten Eigentum,
sondern zu allem, was durch die bloße Funktion in einem
Geschäft, das als solches nichts produziert, erworben wird.
Man kann daher sagen, daß das geringe unbedeutende Recht
auf den Arbeitslohn, das dem Arbeiter, wenn er überhaupt
Zugang zur Produktion findet, eingeräumt wird, wenigstens
insoweit allem E i g e n t u m s r e c h t e voranleuchtet, als es
das Einkommen der Arbeiterklasse als das sittlich reinste
barstellt, und das ist eine Analogie dazu, daß die E h e in
der Arbeiterklasse, wie ich früher angedeutet habe (was ja
natürlich nur die Bedeutung eines ideellen Schemas hat),
als auf dem Muttertum beruhend, auf ihre natürliche und

wesentliche Grundlage zurückgeführt ist. Man kann daher den ganzen heutigen Kampf wohl mit größerem Rechte noch als eine frühere Fehde zwischen alten und den modernen socialen Mächten, als einen Kulturkampf bezeichnen. Man kann sagen, daß dieser Kulturkampf sich auch darstellt als die Frage, was höher stehe, die Person und — wie ich immer voraussetze — die Vollendung der Person in der Ehe oder das Eigentum.*) Ist die Ehe ein Institut zur Uebertragnng von Eigentum, oder ist das Eigentum eine notwendige Ergänzung der Person, also der Ehe? Die letztere Idee ist die Idee der Arbeiterklasse, wenn ich sie richtig verstehe, und damit kommt ja wieder zusammen, daß ein Einkommen, das auf reiner Arbeit basiert, im Grunde, anerkanntermaßen, als das sittlich reinste, am meisten verdiente, sich darstellt. Wie sehr eine solche Betrachtung sich aus der Ueberschauung über die ganze historische Entwicklung ergibt, das lehrt auch die Erinnerung, die ich hier vorbringen will, wie ein amerikanischer Schriftsteller, den ich früher schon genannt habe, Lewis Morgan, der über die antike Gesellschaft schrieb, darin einen großen Grundplan der menschlichen Entwicklung entwerfend, zu welchen Schlüssen dieser Mann gelangt ist, der seinerseits allen modernen Theorien, wie sie gemeiniglich als socialistisch und kommunistisch bezeichnet werden, gänzlich fern gestanden hat. Und ich darf erinnern, daß in Amerika zu der Zeit, als dieser Mann schrieb — er ist bereits vor über 10 Jahren gestorben — alle diese Ideen noch durchaus fremd waren und als egoische,

---

*) Es ist nur billig, wenn ich hier anmerke, daß seit vielen Jahren Herr Rechtsanwalt B. Bleiken in Altona, in zahlreichen Flugschriften und Journalartikeln, die sociale Frage unter eben diesem Gesichtspunkte dargestellt hat.

unpraktiſche Phantaſieen belächelt wurden. Dieſer Mann alſo
ſagt am Schluſſe ſeines großen Werkes, wo er auch das
Eigentum, das Erbrecht, in großen Zügen betrachtet: „Seit
Aufgang der Civiliſation iſt das Wachstum des Eigentums
ſo immens geweſen, ſeine Formen ſind ſo vermannigfacht
worden, ſein Gebrauch hat ſich ſo ausgebreitet, ſeine Ver-
waltung geſchieht ſo intelligent im Intereſſe der Inhaber,
daß es, vom Volke angeſehen, eine unbeherrſchbare
Kraft geworden iſt. Der menſchliche Geiſt ſteht ratlos vor
ſeiner eigenen Schöpfung. Gleichwohl wird die Zeit kommen,
wo die menſchliche Intelligenz ſich erheben wird zur Be-
meiſterung des Eigentums, und ſowohl die Beziehungen des
Staates zum Eigentum, das er ſchützt, beſtimmen als die
Pflichten und die Grenzen der Rechte von Privateigentümern
feſtſetzen wird. Die Intereſſen der Geſellſchaft gehen den
Intereſſen der Individuen vor und müſſen in gerechte
und harmoniſche Beziehungen gebracht werden. Ein bloßes
Eigentums-Turnier kann nicht die endliche Beſtimmung des
Menſchengeſchlechtes ſein, wenn anders Fortſchritt das Geſetz
der Zukunft ſein ſoll, wie es das Geſetz der Vergan-
genheit geweſen iſt. Die Auflöſung der Geſellſchaft
ſchickt ſich an, der Ausgang eines Wettrennens zu werden,
deſſen Ende und Ziel Eigentum und nichts als Eigentum
(wir würden ſagen: Profit und nichts als Profit) iſt;
weil ein ſolches Rennen die Elemente ſeiner eigenen Zer-
ſtörung in ſich enthält. Demokratie im Regierungsweſen,
Brüderlichkeit im Zuſammenleben, Gleichheit in privatem
und öffentlichem Rechte und univerſelle Bildung deuten
die Umriſſe für den nächſten höheren Plan des ſocialen
Lebens an, auf den Erfahrung, Einſicht und Wiſſen ſtetig
hinſtreben“.

Es ist ja bekannt und neuerdings von dieser Stelle aus vorgeführt worden, daß die jetzt vorherrschend in der socialen Bewegung sich geltend machende Lehre eine anders geartete ist, als die Grundzüge, die ich hier vorgeführt habe. Ich meine nun allerdings, daß die eine und andere Betrachtung nicht im Widerspruche miteinander stehen, wenn jene richtig gedeutet wird, sei es im Sinne des Urhebers oder nicht, ich meine jene materialistische Auffassung des geschichtlichen Verlaufes. Diese Auffassung nämlich hat meines Erachtens insoweit durchaus recht, als sie die Entwicklung der Produktionsverhältnisse für den eigentlichen elementaren Prozeß im socialen Leben hält, d. h. für jenen Prozeß, der trotz aller stetigen Wechselwirkung der Elemente, die in diesem socialen Leben ganz notwendig sich vollzieht, der relativ am meisten unabhängige ist von den übrigen Elementen, der gleichsam, um hier wieder die Analogie der sociologischen Betrachtung mit der biologischen in ihr Recht einzusetzen, dem natürlichen Wachstum der Massen und der natürlichen Differenzierung der Teile in einem lebendigem Organismus, entspricht. Dieses Wachstum und diese Differenzierung sind ja ganz sichtlich nicht wesentlich bedingt durch die Ideen, die im Kopfe eines Tieres oder eines Menschen vorhanden sind; sie folgt ihren eigenen Gesetzen und bedingt umgekehrter Weise wesentlich diese Entwicklung der Intelligenz. Beim Menschen findet dann allerdings und in minder ausgeprägter Weise auch bei den höheren Tieren, eine entschiedene Rückwirkung auf den Lebensprozeß statt, besonders auf die äußeren Bewegungen, das auch sogenannte animalische Leben, durch das Maß der vorhandenen Vorstellungen und Gedanken. Analog ist es in der Gesellschaft, im socialen Leben. Insbesondere ist die Entwicklung des

Rechtes auf der einen Seite ganz wesentlich bedingt durch
die Entwicklung der Arbeit, wie sich auf Schritt und Tritt
zeigt, sei es daß man sich in Urzeiten bewegt und die Zu-
sammenhänge der fortschreitenden Entdeckungen und Erfin-
dungen, die immer größere Lebensfähigkeit des Menschen,
seine immer größere Unabhängigkeit durch seine Produktionen
von einem begrenzten Territorium betrachtet, sei es daß
man die Entwicklung der neueren Zeit, die sich zusammen-
fassen läßt in Entwicklung des städtischen Lebens auf dem
Grunde der Agrikultur, ins Auge faßt, so ist immer eben
das elementare, leben wollen und sich fortpflanzen wollen,
das die Menschheit notwendigerweise erfüllt, Voraussetzung
der gesamten Entwicklung, dazu die Macht die sie auf diese
Weise über die Naturkräfte gewonnen hat. Auf dieser Macht
beruht dann die sociale Verfassung und das ungeheure
Wachstum der Produktionsmittel, der Beherrschung der Natur,
das die neuesten Phasen insbesondere kennzeichnet, konnte
nach allen Voraussetzungen, die historisch zu Grunde lagen,
sich nur vollziehen in Form des Privateigentums und also
des Kapitalismus. Und es ist eben die rechtliche und ge-
dankliche Ausbildung des Kapitalismus durch die Klasse, die
als besitzende auch am meisten denkt und erkennt, eine ganz
notwendige. Etwas anderes ist nun das Beharren in diesen
Formen, und wenn das Beharren am meisten erschwert und
unwahrscheinlich gemacht wird durch das Dagegendrängen
der darunter leidenden Klasse, so hindert doch nichts, daß in
der besitzenden Klasse, so weit sie denn an einem reinen und
uninteressierten Denken Teil hat, was allerdings nach allen
uns gegebenen Voraussetzungen nur in einem beschränkten
Maße erwartet werden kann, so weit dies der Fall ist,
hindert nichts, diese Erkenntnis zu bestätigen, mit andern

Worten: das Interesse der Erhebung der Arbeiterklasse oder
wie ich sie definiert habe, die Erhebung der Idee der Person, der Ehe, gegen die des Eigentums, als das Interesse
des Fortschrittes nicht allein, sondern der Erhaltung der
Kultur zu erkennen und zu erklären; dadurch ergeben sich
allerdings ganz bedeutende Mobilitationen jenes Klassen-
kampfes, der sonst immer deutlicher das Gepräge der modernen Gesellschaft wird, wie er in andern Formen auch
ehemaligen Gesellschaften mehr oder minder eigen gewesen
ist. Ich meine, daß es doch vielleicht dem Einflusse des
wissenschaftlichen Denkens vorbehalten bleibt, die Ueberführung
der gegenwärtigen Gesellschaft in eine neue Phase, in der
sie aller Wahrscheinlichkeit nach stabiler sein wird, zu be-
wirken und zu erfüllen. Es liegt freilich nahe genug, aber
Entwicklung der heutigen Civilisation eine minder günstige
Meinung zu hegen. Es scheint gewiß, daß das sich selbst
überlassene Proletariat im reinen Kampfe, wenn es siegreich
bleiben sollte, nicht die erworbenen Fähigkeiten haben kann,
diesen Uebergang zu bewerkstelligen. Wenn nun fortdauernd
die Zahl der Elemente der besitzenden, gebildeten Klasse, die
sich daran beteiligen, eine geringe bleibt, so sind offenbar
die Chancen eines friedlichen Ueberganges sehr gering, und
daß ein anderer als ein friedlicher Uebergang anders als
zur fortschreitenden Auflösung dieses socialen Kulturlebens
führen würde, scheint mir ausgeschlossen. Es liegt also, wie
gesagt, ganz nahe, eine düstere Prognose dieser modernen
Entwicklung, der socialen Bewegung, zu stellen. Da jedoch
auf keinen Fall eine gewisse Erkenntnis dieser Zukunft
möglich ist, so wird es wohl einfach erlaubt, ja geboten sein,
sich an begründete Hoffnungen zu halten und dem alten
Worte einiges Recht zu geben, das da sagt: „Der Mann

ift der befte, der Hoffnungen immer vertraut, Mißtrauen ift ein Zeichen der Feigheit", ohne daß aber wir einen Matel auf folche werfen wollen, lediglich in dem Sinne, daß der Wille und die Freude am Leben, die uns das Individuum erfreulicher machen, als das deprimierte Wesen und Gebahren, auch im focialen Leben ihre Berechtigung hat, daß also in der That es Grund genug gibt, Hoffnung zu predigen und Hoffnung in fich felber und in den Kreifen, auf die man Einfluß haben kann, zu befördern.

———※———

VI.

Es wird Sie vielleicht verwundern, nach manchen Ur-
teilen, die ich vorgetragen habe, wenn ich ausdrücklich die
Erhaltung oder Wiederherstellung von Ehe und Eigentum
für das eigentliche und wesentliche Problem der gegenwärtigen
Civilisation halte. In Wahrheit aber, meine ich, handelt es
sich bei der Ehe hauptsächlich um ihre Erhaltung bezw. um
Zurückführung in ihre natürliche, immer wirksam gewesene
Basis. Beim Eigentum handelt es sich um Wiederherstellung.
Die sociale Frage hat ihren eigentlichen Sinn nicht im ent-
ferntesten in der Aufhebung des Privateigentums als
solchen, sondern im Gegenteil darin, möglichst vielen möglichst
viel Privateigentum zukommen zu lassen, nun freilich nicht
mehr Privateigentum an den Mitteln der socialen Produktion,
die eben eben nur dies und nicht Mittel einer unbegrenzten
Bereicherung etlicher Individuen sein müssen, sondern
Privateigentum Aller an den Gegenständen des Gebrauches
und Genusses. Ich darf mich für diese Ansicht, daß die Aufgabe eine Wiederherstellung sei, auf keinen besseren Zeugen
berufen als auf Karl Marx, der ausdrücklich erklärt, daß
nach seiner Auffassung um eine Negation der Negation es sich
handle, d. h., daß durch die bisherige Entwicklung das Privateigentum zum großen Teile aufgehoben sei und daß eine
Wiederherstellung des Privateigentums, dadurch, daß die
Produktionsmittel gemeinschaftlich würden, geschehen werde.

Nun möchte ich noch mit einigen Worten mich beziehen auf die Frage: Wie stellt sich das Urteil dieser Betrachtung zur Religion oder zur Kirche? Diese Fage erhebt sich, da ich öfter Gelegenheit gehabt habe, die Beziehungen anzubeuten, welche religiöse Vorstellungen und religiöse Mächte zu diesen wesentlichen Thatsachen, Institutionen und Ideen des socialen Lebens — denn alles zugleich sind sie — gehabt haben, und da in der gegenwärtigen Krise mit vieler Emphase und vieler Bedeutung immer von neuem anf die Rolle der Religion oder der Kirche hingewiesen wird, als der einzigen Mächte, die die Kultur zu erhalten und wiederherzustellen vermöchten, die krast jener Ideen im Stande seien den Klassenkampf zu überwinden. In Wahrheit ist nun historisch betrachtet die sociale Bedeutung der Religion eine ungemeine, und ich muß, um dies zu erläutern, in Kürze die Entwicklungsgeschichte der Religion skizzieren.

Für diese Entwicklungsgeschichte ist es wesentlich, zunächst die beiden Gattungen von Religionen zu unterscheiden, näm- lich Volks- und Stammesreligion auf der einen Seite, universelle oder Menschheitsreligion auf der andern Seite. Die Volks- und Stammesreligionen wiederum zerfallen — nicht ohne Parallelen zu jener Entwicklung der Menschheit aus dem Zustande der Wildheit und der Barbarei in den der Civilisation — in drei Gattungen. Es ist die wissen- schaftliche Meinung neuerdings mehr und mehr durchge- drungen, daß der ursprüngliche Stamm des religiösen Kultus nnd des religiösen Glaubens in der Ahnenverehrung liegt, diese wiederum beruhend in dem allen primitiven Menschen und den meisten Menschen noch heute natürlichen Glauben, daß so ein Ding wie die Seele im Tode den Körper verlasse, und in dem daran sich hängenden Glauben, daß, wie eine Zeit lang der seelenlose Körper, so auch die körperlose Seele sich erhalte, ja daß diese als ein Unvergängliches dauernd fortlebe. Aus diesem Vorstellungskreise ist es natürlich, daß für die ursprüngliche Gemeinschaft, die der Gens, des Clans, die Verehrung ihres Vorfahren, auf dessen Namen sie auch ihre brüderliche Zusammengehörigkeit zurückführten, eine Pflicht war, und damit hängt es denn zusammen, daß dieser Kultus ursprünglich Sache des jedesmaligen Häuptlings einer solchen Genossenschaft ist, sei er nun gedacht als bloßer Hausvater oder als Häuptling eines größeren volkartigen Verbandes, als Fürst oder endlich als König.

Dabei ist es bemerkenswert, und entspricht einigermaßen der Bedeutung der Mutter in der Gens, da wie wir gesehen haben, die ursprünglichen Genles sich mütterlicher Herkunft rühmten, daß so frühzeitig im allgemeinen auch eine religiöse Funktion der Frauen angetroffen wird. So beobachtete noch Morgan bei dem Irokesenstamme, daß wo er nicht einen ausgebildeten Kultus mehr innerhalb der eigentlichen Gens vorfand, doch ein eigentümliches Amt, das genannt wurde das der Glaubensbewahrter, vorhanden war, und dieses Kollegium bestand aus ebenso vielen Frauen als Männern. Auch waren in späteren Bildungen die Frauen vielfach an den Würden der Religion beteiligt. In jener ersten frühesten Entwicklungsphase der Religion ist übrigens das Priestertum noch wenig entwickelt. Es ist nur vorhanden als die Funktion des Zauberers, der im Geruche steht, besondere Macht über die Natur zu haben, als Regenmacher, Medizinmann und dergleichen mehr. Jene erste Phase, dieser Kern der natürlichen Religion, der Ahnenkultus, beschränkt sich keineswegs etwa auf die Periode der Wildheit. Er scheint vielmehr erst nachher zu seiner vollen Blüte gekommen zu sein und ragt lief in die hiſtoriſch-bedeutende Epoche der Civiliſation hinein, wie noch heute ſo fein civiliſierte Völker, wie die Indier und Chineſen, den eigentlichen Stamm ihres religiöſen Glau- bens im Ahnenkultus behalten, beſonders die Chineſen. Die zweite Phaſe wird durch Tierkultus bezeichnet. Dieſer lehnt ſich vielfach an den Ahnenkultus an. Es bilden ſich Stammesnamen, die ſich auf einen Urvorfahren beziehen, deſſen Geſtalt ſie in der Geſtalt irgend eines Tieres wieder- zufinden glauben und es kommen die erſten Gedanken der Myſtik, Verwandlung der Seele u. ſ. w. hinein. Vielleicht ſteht auch die Entwicklung dieſer Phaſe in beſonderem Zu- ſammenhange zur Zähmung der Tiere, wie wir denn bei einem Volke, das dieſen Kultus beſonders ausgebildet hat, den Aegyptern, vorzüglich gezähmte Tiere in ſolcher Wür- bigung finden: Katze, Wibber, Rind u. a. Zugleich finden wir neben dieſer Entwicklung zuerſt das Prieſtertum ſich mächtig erheben, ja zur eigentlich maßgebenden Macht in größeren ſocialen Verbänden werden, ſo daß im ganzen Orient die größeren Gemeinweſen dieſen prieſterlich-theo- kratiſchen Charakter tragen, und dies wiederum hängt zu- ſammen mit dem ſich ausbildenden patriarchaliſchen Charakter der Herrſchaft im Großen und im Kleinen, in Reichen und Familien. Aber die Entwicklung des Ackerbaues ſcheint doch in der Hauptſache Urſache geweſen zu ſein, daß ſich eine höhere, eine eblere, eine wiederum menſchlichere Geſtaltung der Religion ausgebildet hat im Kultus der Naturmächte als übermenſchlicher Geſtalten. Davon ſind ja beſonders die Religionen der ariſchen Kulturvölker erfüllt.

Auch dieſer Kultus, auch dieſe Form verbindet ſich wohl mit dem Ahnenkultus, indem die Naturgötter zugleich als die Urahnen, ſo der Zeus oder Jupiter als Vater der

Götter und Menschen, erscheinen, und in dieser Epoche, in diesen Kulturen, wo wir die Blüten solcher Verehrungen des Himmels und der Erde, der Sonne, des Mondes, des Donners, des Meeres, erblicken, sind teilweise die Priesterschaften mehr zurückgetreten. Jener Kultus verband sich mit der Entwicklung und Blüte der Stadtgemeinden, die ihrerseits einen ausgeprägt politischen Charakter haben. Wenn wir aber die übrigen Religionen dieser Epoche überschauen, so finden wir, — das ist schon vorbereitet im früheren — daß die Priesterschaft als der Lehrstand sich mehr und mehr ausbildet, wie es in Theokratien der Fall ist, wo die Priester — und das hängt wieder zusammen mit dem Ahnenkultus — die Bewahrer der Tradition sind, der Volksgewohnheiten und -Sitten und der Gesetze. Sie sind aber auch Bewahrer der Einheit eines Volkes, das auseinander gegangen ist, sich in viele Wohnstätten zerstreut hat. Weil eben der Kultus das alte ist, diesen Zerstreuten gemeinsam ist, ist er auch bestimmt, sie zusammenzuhalten, und die ältesten Städte sind in erster Linie Kultusstätten gewesen. Darum hat die Priesterschaft überall in der Ausbildung dieser Kulturen mit der Entwicklung des Verkehrs zu thun. Ich brauche nur an die Messen, an dieses Wort zu erinnern, und ich will Sie noch darauf aufmerksam machen, wie überall das Maß- und Gewichtswesen ursprünglich auf priesterlichen Festsetzungen beruht hat. Auch das Zeitmaß, der Kalender, ist ja zuerst von chaldäischen und ägyptischen Priestern ausgebildet worden. Bis in unsere Zeit erstreckt sich die Bedeutung der Päpste für das Kalenderwesen.

So ist denn hier alles Symbolische, weil Verbindende, so ist die Schrift, diese große Erfindung zur Bewahrung der Ueberlieferung, bekanntlich heiligen Ursprungs. Das Urkun-

benweſen ruhte ganz bei den Tempeln. Damit hängt wiederum die Beziehung auf die Inſtitutionen, die hier unſerer
Betrachtung vorgelegen haben, zuſammen: die Beziehung auf
die Ehe und auf das Eigentum. Die Ehe iſt ja bis in
unſere Tagen eine ſpecifiſch religiöſe Einrichtung, in der
katholiſchen Kirche ſogar ein Sakrament d. h. Abzeichen einer
als übernatürlich angenommenen Thatſache geblieben. Das
Eigentum an Koſtbarkeiten wird überall den Heiligtümern, heiligen Stätten anvertraut und die Klöſter ſind im Mittelalter die
erſten Depoſiten-Banken geweſen. Wenn alſo die Prieſter die
Lehrer, geiſtigen Leiter der Menſchheit auf dieſen Stufen geworden ſind, ſo iſt doch das Weſen der Religion nicht eigentlich
Lehre, Theorie, Glauben, Aberglaube, ſondern die Praxis,
der Kultus, der ſich überall entwickelt hat aus jenen häus-
lichen Kulten, insbeſondere den Totenopfern; das ganze
Opferweſen, wovon die Religion durchdrungen iſt, entwickelte
ſich ſo, und hierin beruht auch der größte Teil der ethiſchen
Wirkungen der Religion, indem ſie eben den Sinn der
Pietät, der Erinnerung, der Dankbarkeit entwickeln und zur
Ehrfurcht erziehen und gerade dieſe Empfindungen gereichen
jenen Inſtitutionen, der Ehe und dem Eigentum, unmittelbar
und mittelbar zum Schuße. Wiederum iſt damit verbunden
die äſthetiſche Bedeutung der Religion; denn dadurch, in
dieſem Zuſammenhange haben die Menſchen gelernt, ihr
Sinnen, Denken und Schaffen abzuſondern und zu heiligen,
in dem beſonderen Sinne, in dem die Hingabe an die Kunſt
ſolches pſychologiſch erfordert.

Beinträchtigt ſind aber immer ſolche ſittliche Wirkungen
geweſen durch die Erſtarrung der religiöſen Uebungen in
Formelweſen und die damit zuſammenhängende, äußere
Wertheiligkeit, die Meinung, durch gewiſſe, dem Herkommen

und der priefterlichen Satzung entfprechende Handlungen den
Göttern und damit den Anforderungen des Ethos genug zu
thun. Dagegen, gegen folche Entartungen der Religion,
erheben fich die Reformationen, die zugleich die Fortbildner
der Religion werden und zwar aus doppeltem Urfprunge,
einmal aus dem Beftreben, die Reinheit der Gefinnung als
das allein Wefentliche hervorzuheben über alles äußerliche,
andererfeits aber aus dem damit fich verbindenden Beftreben,
die urfprüngliche Volksreligion zu verallgemeinern, zur Menfch=
heitsreligion zu machen und fie zugleich zu vereinfachen,
womit auch die Vereinfachung des Polytheismus in den
Glauben an einen einzigen Gott zufammenhängt, und um hier
nicht von andern großen Erfcheinungen zu fprechen, braucht
man nur an das Chriftentum zu erinnern und feine Ent=
ftehung auf das eine Element, feine Verbreitung auf das
andere zurückzuführen, feine Entftehung auf eine ethifche
Bewegung in der Judenfchaft, zu einer Zeit, als diefe in
politifchem Verfalle fich befand, aber um fo ftarrere religiöfe
Formen fich entwickelt hatten. — (Die Kritik der bloßen
Gefetzlichkeit, die Betonung der Gefinnung, der urfprünglichen
Gefinnung, die der gemeinfamen Vorfahren opfernden Ge=
meinde notwendig war, der Bruderliebe, geht daraus zurück.)
— Die Verbreitung des Chriftentums ift ganz und
gar bedingt durch jene Verallgemeinerung der helleniftifch=
römifchen Kultur, die die Abgefchloffenheit der alten Stadt=
gemeinde aufhob, die Menfchen durcheinander warf und doch
fie alle in dem einen Mittelpunkt der ewigen Stadt zufam=
menbrachte. So ift denn das Chriftentum das Gefäß ge=
worden, in dem fich alles, der ganze Inhalt der antiken
Kultur, vererben konnte auf diejenigen neuen Völkerelemente,
die folcher Erbfchaft fähig waren und denen durch Vermitt=

lung der Römer solche höhere Kultur zugänglich gemacht
wurde, wenn auch nur in Trümmern. Uebrigens aber ist
nun die ganze Entwicklung des Christentums, seine Funktion
und Entwicklung eine, die den Entwicklungen der früheren
Religionen bei den Kulturvölkern sich ganz wesentlich nähert.
Sie will zwar eine Religion der Menschheit sein, aber bald
bildet sich die Idee einer Art von künstlichem Volke, nämlich
aller derer, die an der Kirche teilnahmen und sich um Rom
versammelten, aus, die Idee der Christenheit als eines solchen
Volkes, das nun sonderbarerweise wiederum, obgleich sie wie
gesagt, um Rom sich versammeln, doch auf Judäa als seine
Heimat zurückgeführt wird; später erscheinen ja die Erzväter
als die Ahnen dieses Christenvolkes. Uebrigens aber ist auch
hier die Entwicklung der Priesterschaft als eines Lehrstandes
und alle jene ursprüngliche Beziehungen zum gemeinschaft-
lichen Leben, zur Familie, zur Entwicklung des Eigentums-
wesens, des Verkehrs, der Ueberlieferung. Ich brauche es nicht
auszuführen, indem ich nur daran erinnere, wie das kanonische
Recht, das geistliche Recht bis heute in vielen wichtigen Beziehungen das ganze Familienwesen beherrscht. Die Beziehung
zum Eigentum ist dadurch am mächtigsten, daß die Kirche
selber, eine Gemeinschaft, die der weltlichen Gemeinschaft ursprünglich feindlich gegenüberstand, Grundeigentümer wurde,
und in beiden Beziehungen hat allerdings die Kirche, wie immer
die Religion, als Bewahrerin der Tradition, Gewohnheiten
und Sitten, einen wesentlich konservativen Charakter, der
dadurch in der That eine Art Gegengewicht gegen die Tendenz
des kapitalistischen Eigentums und seinen Volk zerstörenden
Charakter bildet. Nur daran will ich hierbei erinnern, daß
die geistlichen Herrschaften und Territorien, obgleich ihre
Bauern ebenso oder mehr zur Abgabe verpflichtet waren als

die der weltlichen Herren, doch viel größere Freiheit ihrer Untertanen zu bewahren pflegten. Die Kirche als Korporation hat eben nicht das Interesse, durch direkte Vermehrung, durch unmittelbare Bereicherung und gar durch kriegerische Machtentfaltung, wie es die weltlichen Herren im Auge hatten, das Bauernleben zu beeinträchtigen, und das alte Sprichwort sagt: „Unter dem Krummstab ist gut wohnen", und in der That hat sich in den Ländern geistlicher Herrschaft verhältnismäßig ein oft starker Bauernstand erhalten können. Wenn nun die christliche Kirche im 16. Jahrhundert eine so große Krisis bestanden hat, die tiefe Spaltung erfahren hat, so hängt diese mit eben denselben Tendenzen zusammen, die sonst zersetzend auf die Religionen gewirkt haben. Wesentlich hat sie den Erfolg gehabt beizutragen zur Zurückdrängung des geistlichen Einflusses überhaupt. Auch der Protestantismus wollte die Einfachheit der Lehre wieder herstellen, d. h. den ethischen Gehalt wieder erheben gegenüber dem Formenkram, dem Ritualismus. Seine Entwicklung hat aber in der Hauptsache denselben Prozeß wiederholt, wie ihn die alte Kirche ihrerseits durchmachte. Nur ist diese neue Kirche gerade zu einer viel direkteren Stütze statt einer gleich mächtigen und gleichberechtigten Schwester (wie die alte Kirche war) der weltlichen Gewalt geworden und dies, obgleich ihre Entstehung — dasselbe gilt von der Entstehung der ersten Christengemeinden im römischen Reiche — ganz wesentlich bedingt war durch die Erregung der Volksmasse, der Bedrängten, der Armen gegen die Reichen. Es ist natürlich, daß sich in den tieferen Volksschichten eben dieser Sinn für die Religion, als für etwas wesentlich verbindendes, etwas ethisches, etwas brüderliches, am lebendigsten erhält, am stärksten wieder auflebt, während in den besitzenden Klassen

die religiösen Ausbrücke und Betätigungen in viel höherem
Grade zu konventionellen erstarren, zu einem Schmucke
des Lebens werden und aber hauptsächlich zu einem großen
Mittel der Herrschaft und der Unterdrückung. Wir finden
in der That, wenn wir die jüngsten Religionsentwicklungen
beobachten, überall diesen zwiespältigen Charakter, einmal
der Religion als Kirche, wo sie als mehr oder weniger
starke, aber doch in der Hauptsache als offizielle und erhal-
tende Institution sich den Mächtigen gesellt, ihnen hilft,
und aber des religiösen Denkens und Bewußtseins als eines
bis in die Ursprünge zurückreichenden, seelischen Bedürfnisses,
das nun am meisten, und lieber als in Kirchenbildungen,
überall im Sektenwesen sich ausprägt. Die Kirche hat aber
das Bedürfnis, sich doch ihrer Herrschaft über die Massen
dadurch zu versichern, daß sie sich solchen Tendenzen nähert,
womöglich sich ihrer bemächtigt, und damit hängt es denn
auch zusammen, wenn in neuerer Zeit wiederum die Kirche,
die katholische und die protestantische, beflissen sind, und zwar,
wie ich meine, überwiegend im guten Glauben, ihre sociale
Bedeutung, ihren socialen Wert auch in den gegenwärtigen
Kämpfen geltend zu machen, sich eben darzustellen als die
berufenen Vermittler, die berufenen Erhalter des gemein-
schaftlichen Volks- und Menschheitslebens, insbesondere jenen
ursprünglichen Charakter des Christentums wieder hervorzu-
lehren. Wenn wir nun aber uns die Frage stellen, welches
wohl das zukünftige Schicksal der Religion, der christlichen
Religion insonderheit, sein werde, so scheint mir, daß sich das
schwerlich mit großer Bestimmtheil und Gewißheit beurteilen
läßt. Man darf aber wohl sagen: wenn die zukünftige
Entwicklung unseres Produktions- und Verkehrswesens anfangen wird eine rückläufige zu werden, dann wird die

Macht der religiösen Ideen wieder erstarten, sie wird dabei helfen und sie wird sich das als ein wesentliches Verdienst anrechnen; sie wird sogar glauben, daß sie es verursache, während die Ursache allerdings anderswo liegt. Oder aber diese moderne Entwicklung schreitet fort in ihrer gegenwärtige Bahn, d. h. so, daß die Gesetze, die in dieser Entwicklung angelegt scheinen, getragen durch die enorme Herrschaft der Menschen über die Natur, durch die ungeheure Produktions= fähigkeit der Menschen fortwirken, wenn also diese Entwicklung nach diesen Gesetzen fortschreiten und wie es dann unvermeiblich sein wird, zur Vergesellschaftung der Produk= tionsmittel führen sollte, dann wird vermutlich die christ= liche Kirche und wohl auch der christliche Glaube mit dieser socialen Verfassung, deren Blüte und Verfall sie geteilt hat, wenn nicht untergehen, so doch zusammenschwinden in ihrer Bedeutung; sie wird vielleicht zu einer Nebenrolle in einer zukünftigen Kulturentwicklung sich bequemen müssen, und zwar derart, daß alle großen ästhetischen Kunstelemente, die in der Religion immer gewesen sind und an denen auch die christliche Religion reich ist, sich an sie angelehnt, erhalten oder wiederherstellen, daß also die Kultur der Zukunft gleichsam in diesem Behikel die Traditionen erhält, die uns am tiefsten liegen, das sind allerdings die der christlichen Kunst= produkte. Dagegen wird die Kirche bei solchen Entfaltungen ihrer e t h i s c h e n Bedeutung mehr und mehr verlustig gehen und um so bringender dürfte es notwendig sein, daß in einer solchen fortgebildeten Kultur, auf der Basis der neuen Lebensbedingungen Gemeinschaften anderer Art, also Ge= meinschaften, die den ethischen Kern der Religion heraus= schälen und ihn für sich selber nehmen oder zu andern, neuen Gestaltungen erwachsen lassen, daß solche Gemein=

schaften des Geistes und der Wahrheit sich ausbilden. Wir
glauben ja, in den Anfängen einer solchen Entwicklung mit
unseren bescheidenen Bemühungen um „ethische Kultur"
zu stehen, und ich meine denn, daß allerdings die direkte
Aufgabe solcher ethischen Gemeinschaften derjenigen der Kirche
oder besser noch, derjenigen jener alten brüderlichen Gemein-
den, wenn auch nicht wirklich blutsverwandtschaftlicher Verbände, in mancher Hinsicht analog sein wird, das will sagen,
daß diese Verbände direkt den Wert haben sollen, in engeren
und lokalen Kreisen, in einem näheren Zusammenleben, die
brüderliche Gesinnung zu pflegen, also auch die Heiligkeit —
so werde ich wohl sagen dürfen — der Ehe und des Eigentums zu schätzen und den Gemütern einzuprägen. Diese
Heiligkeit in dem Sinne, daß sie wissenschaftlich erkennbar
sind, gleichsam als die edlen Organe des socialen Lebens
zu verstehen, diese Heiligkeit in eine zukünftige Kultur hin-
überzuretten, die Gesinnungen dafür vorzubereiten, das dürfte
schon jetzt eine der vorwiegenden Aufgaben der ethischen Bewegung sein.

* 9 7 8 3 7 4 1 1 5 7 8 5 1 *